TOPOGRAPHIE ECCLÉSIASTIQUE

DU

DEPARTEMENT DE SEINE-ET-OISE.

A. DUTILLEUX.

TOPOGRAPHIE ECCLÉSIASTIQUE

DU

DÉPARTEMENT DE SEINE-ET-OISE

ACCOMPAGNÉE D'UNE

CARTE DU DIOCÈSE DE VERSAILLES

INDIQUANT LES

DIVISIONS ECCLÉSIASTIQUES ANCIENNES.

VERSAILLES

CERF ET FILS, ÉDITEURS-IMPRIMEURS

de la Préfecture,

RUE DU PLESSIS, 59

1874

Les circonscriptions ecclésiastiques sont généralement les plus anciennes divisions territoriales qui, d'âge en âge, soient parvenues jusqu'à nous, avec des limites à peu près constantes. C'est donc par elles qu'il convient de commencer l'étude de la géographie et de la topographie de l'ancienne France.

Cette étude est, en ce qui concerne notre région, si non plus difficile, du moins plus compliquée que partout ailleurs. En effet, le département de Seine-et-Oise, qui, à beaucoup d'égards, n'est qu'une simple expression administrative, a été formé de parties de plusieurs pays différents, l'Isle de France, le Vexin, la Beauce, le Gâtinais, la Brie, etc.

De même pour le diocèse de Versailles : si l'ancien diocèse de Paris en a constitué la plus grande partie, les diocèses de Sens, Chartres, Evreux, Rouen, Beauvais et Senlis ont également contribué, dans une proportion plus ou moins étendue, à sa formation.

La reconstitution des divisions ecclésiastiques antérieures à la création de l'évêché de Versailles exige donc une certaine somme d'étude et d'assez laborieuses investigations.

C'est le résumé de ces études qui fait l'objet de la présente notice; quelles qu'en puissent être les imperfections, que l'auteur est loin de se dissimuler, ce travail sera peut-être utile aux personnes qui s'occupent d'histoire ou d'archéologie locales ; il aura du moins l'avantage de leur épargner du temps et des recherches. Toutes les indications que ces pages renferment ont été vérifiées et contrôlées avec le soin le plus scrupuleux ; à la suite de chaque diocèse se trouvent énoncées les sources à consulter, ce qui est à la fois un moyen de contrôle et une donnée profitable à ceux qui voudront compléter ces premières notions de topographie ecclésiastique.

Après l'exposé de la situation du diocèse actuel de Versailles, vient l'examen des diocèses dont il a été formé ; on indique la situation, l'étendue, les limites de chacun d'eux ; on présente la liste, aussi complète que possible, des abbayes, couvents, prieurés, maladreries, maisons du Temple ou de Malte, réservant un peu plus de détails pour ceux de ces établissements qui étaient autrefois compris dans le territoire qui compose aujourd'hui le diocèse de Versailles ; suit la liste des évêques de chaque diocèse ; vient enfin le tableau de toutes les paroisses, classées dans l'ordre des circonscriptions ecclésiastiques, c'est à-dire par diocèses, archidiaconés et doyennés. Ce tableau donne la forme latine du nom de chaque localité, d'après le travail publié par M. H. Cocheris, dans *l'Annuaire de Seine-et-Oise*, pour 1874.

Une carte présentant également le nom latin des divisions et des paroisses, accompagne la notice. On a indiqué, au moyen d'un petit nombre de signes employés dans les cartes des XVIIe et XVIIIe siècles, les divers établissements religieux ou hospitaliers mentionnés dans le texte. La révision de cette carte a été opérée très-attentivement et on est porté à penser qu'elle ne présente que très-peu d'erreurs. On a d'ailleurs préféré y laisser subsister quelques lacunes, que se lancer dans des hypothèses plus ou moins hasardées.

Ainsi que le dit l'Éditeur du « *Pouillé des bénéfices du diocèse de Rouen* » publié en 1738, « ceci n'est point un ouvrage d'esprit, c'est un ouvrage de recherches ; on a cherché la vérité ; si on ne l'a pas rencontrée, on saura du moins la respecter lorsqu'elle se montrera » et, pour notre part, nous ajouterons : « on sollicite avec instances la communication des additions ou corrections que le lecteur voudrait bien signaler. »

TOPOGRAPHIE ECCLÉSIASTIQUE

DU

DÉPARTEMENT DE SEINE-ET-OISE

I. — LE DIOCÈSE ACTUEL DE VERSAILLES

Le diocèse de Versailles n'existait pas avant la Révolution.

Il fut créé par le décret de l'Assemblée nationale des 21 juillet-24 août 1790, portant (art. 1er) que chaque département formerait un seul diocèse et que chaque diocèse aurait la même étendue et les mêmes limites que le département.

Le même décret divisa le Royaume en 10 arrondissements métropolitains dont l'un des siéges fut fixé à Paris, et avait comme suffragants les évêchés d'Eure-et-Loir, du Loiret, de l'Yonne, de l'Aube, de Seine-et-Marne et de Seine-et-Oise.

Le titre II du décret du 21 juillet 1790, réglait le mode de nomination des évêques : « On ne connaitra qu'une seule manière de pourvoir aux évêchés et aux cures, c'est-à-dire la forme de l'élection. »

Toutes les élections devaient se faire par la voie du scrutin et à la pluralité absolue des suffrages.

« Avant la cérémonie de la consécration, l'élu devait prêter, en présence des officiers municipaux, du peuple et du clergé, le serment solennel de veiller avec soin sur les fidèles du diocèse, d'être fidèle à la nation, à la loi et au roi, et de maintenir de tout son pouvoir la constitution décrétée par l'Assemblée nationale et acceptée par le Roi. »

Cette dernière disposition fit donner aux évêques élus suivant les règles qui précèdent, le nom d'*évêques constitutionnels ou évêques assermentés*.

Le 26 janvier 1791, l'Assemblée nationale crut devoir expliquer de la manière suivante les motifs qui avaient dicté sa précédente décision :

« La nouvelle distribution civile du Royaume rendait nécessaire une nouvelle distribution des diocèses. Comment aurait-on laissé subsister des diocèses de 1,400 paroisses, et des diocèses de 20 paroisses ! l'impossibilité de surveiller un troupeau si nombreux contrastait d'une manière trop frappante avec l'inutilité de titres qui n'offraient presque point de devoirs à remplir.

» La démarcation des diocèses est l'ouvrage des hommes ; le droit ne peut en appartenir qu'aux peuples, parce que c'est à ceux qui ont des besoins à juger de ceux qui doivent y pourvoir..... .

» Tels ont été les motifs du décret de l'Assemblée nationale sur l'organisation civile du clergé ; ils ont été dictés par la raison si prépondérante du bien public : telles ont été ses vues ; leur pureté est évidente ; elle se montre avec éclat aux yeux de tous les amis de l'ordre et de la loi..... »

La tourmente révolutionnaire ne tarda pas à mettre à néant ces deux décrets de l'Assemblée nationale.

Lorsque revinrent des jours meilleurs, le premier Consul se préoccupa du rétablissement du culte et il conclut avec le Saint-Père un Concordat qui porte la date du 15 juillet 1801, aux termes duquel le territoire français était divisé en 10 archevêchés et 50 évêchés.

Paris conserva son siége métropolitain et reçut comme suffragants 8 évêchés désignés de la manière suivante dans la bulle du Pape Pie VII, donnée à Rome le 3 des kalendes de décembre 1801, et publiée en France par arrêté du 29 germinal an x, (19 avril 1802).

« Elenchus Ecclesiarum metropolitanarum et cathedralium. cum nominibus SS[m]., etc.

Metropolitana Parisiensis.	Beatæ Mariæ Virginæ in cœlum assumptæ.	1.	Provincia seu regio Sequanæ.
Suffraganeæ.			
VERSALLIENSIS.	S. Ludovici, Franciæ regis.	2.	Sequanæ et Æsiæ — Eburæ et Liderici.
MELDENSIS.	S. Stepheni, protomartyr.	2.	Sequanæ et Matronæ. — Itemque Matronæ.
AMBIANENSIS.	Beatæ Mariæ virginis.	2.	Suminæ. — Æsiæ.
ATREBATENSIS.	id.	1.	Freti gallici.
CAMERACENSIS.	id.	1.	Septentrionis.
SUESSIONENSIS.	SS. Gervasii et Protasii, mm.	1.	Axonæ.
AURELIANENSIS.	S. Crucis D. N. J. C.	2.	Amnis Lidericini. — Liderici et Cari.
TRECENSIS.	SS. Petri et Pauli, Apostol.	2.	Albæ. — Icaunæ.

Le diocèse de Versailles s'augmentait donc du diocèse de Chartres ainsi supprimé.

Un nouveau Concordat conclu avec le Saint-Siége le 11 juin 1817, rétablit les siéges supprimés par l'acte de décembre 1801, tout en maintenant cependant les siéges nouveaux, créés à cette époque.

L'archevêque de Paris eut alors pour suffragants les évêques de Chartres (Eure-et-Loir), Meaux (Seine-et-Marne), Orléans (Loiret), Blois (Loir-et-Cher) et Versailles (Seine-et-Oise).

Ce dernier évêché fut définitivement renfermé dans les limites du département de Seine-et-Oise qu'il a conservées jusqu'à ce jour sans modification.

Le diocèse actuel de Versailles est divisé en 2 archidiaconés :

L'archidiaconé de Saint-Louis, comprenant les arrondissements de Versailles, Mantes et Pontoise.

L'archidiaconé de Notre-Dame, embrassant les arrondissements de Corbeil, Etampes et Rambouillet.

Chaque arrondissement est divisé en doyennés correspondant aux cantons civils, mais qui ne portent pas toujours le nom de ces derniers, ce qui nous engage à en présenter ici le tableau :

ARCHIDIACONÉS.	ARRONDISSEMENTS.	DOYENNÉS	OBSERVATIONS.
Archidiaconé de Saint-Louis.	Versailles.	Argenteuil.	
		Marly.	
		Meulan.	
		Palaiseau.	
		Poissy.	
		St-Germain-en-L.	
		Sèvres.	
		Versailles nord.	Quartier N.-D. — Le Chesnay, Rocquencourt.
		Versailles est.	Paroisse Saint-Symphorien de Montreuil. — Jouy-en-Josas, Viroflay, Vélizy.
		Versailles sud.	Quartier St-Louis. — Bois-d'Arcy, Buc, Fontenay-le-Fleury, Guyancourt, les Loges, Montigny-le-Bretonneux, St-Cyr, Trappes et Sainte-Elisabeth de Versailles.
	Mantes.	Bonnières.	
		Houdan.	
		Limay.	
		Magny.	
		Mantes.	
	Pontoise.	Beaumont.	Le canton de l Isle-Adam.
		Ecouen.	
		Gonesse.	
		Luzarches.	
		Marines.	
		Montmorency.	
		Pontoise.	
Archidiaconé de Notre-Dame.	Corbeil.	Arpajon.	
		Boissy-St-Léger.	
		Corbeil.	
		Longjumeau.	
	Etampes.	Angerville.	Le canton de Méréville
		Etampes.	
		La Ferté-Alais.	
		Milly.	
	Rambouillet.	Chevreuse.	
		Dourdan.	Ces deux doyennés se partagent d'une manière assez égale les cantons de Dourdan nord et Dourdan sud.
		St-Arnoult.	
		Marcoussis.	Le canton de Limours.
		Montfort-l'Amaury	
		Rambouillet.	

Le diocèse de Versailles contient :

15 cures de première classe.
48 — de seconde classe.
522 succursales.
59 vicariats rétribués par le Trésor.
1 chapelle communale.
Et 9 chapelles de secours.

Il renferme de nombreuses communautés religieuses. — Nous en donnons ci-après une liste que nous trouvons dans l'*Ordo* publié par l'Evêché pour 1874 :

Couvent des frères mineurs Capucins.— Boulev. de la Reine, 1, à Versailles.

Maison des RR. PP. Jésuites, rue des Bourdonnais. 40, à Versailles.

Religieux du Très-Saint-Sacrement à St-Maurice, C. de Dourdan-Nord.

Frères de Saint-Vincent-de-Paul. — A Chaville.

Frères des Ecoles chrétiennes. — A Argenteuil, Corbeil, Etampes, Igny, Mantes, Pontoise, Rambouillet, St-Cloud, St-Germain-en-Laye, Versailles (St-Louis, Notre-Dame et Ste-Élisabeth.)

Frères de Saint-Joseph (de Reuillé-sur-Loir). — A Arpajon, Leudeville et Dampierre.

Frères de la Miséricorde (de Mombourg). — A Bellevue.

Sœurs de la Ste-Enfance (de Versailles). — A Argenteuil, Ballancourt, Bonnelles, La Celle-St-Cloud, Cerny, Chatou, Chennevières-sur-Marne, Le Chesnay, Chilly-Mazarin, Clairefontaine, Corbeil, Eaubonne, Essonne, Etampes, La Ferté-Alais, Limeil-Brévannes, Livry, Longpont, Longjumeau, Maisons-sur-Seine, Marcoussis, Méry-sur-Oise, Port-Marly, Pussay, Rambouillet, Rosny, Rueil, Sucy, St-Arnoult, St-Michel-sur-Orge, Trappes, Valenton, Vaugrigneuse, Versailles et La Ville-du-Bois.

Filles de la charité de Saint-Vincent-de-Paul (de Paris). — A Avernes, Ballainvilliers, Bellevue, Bouafle, Brunoy, Châteaufort, Corbeil, Cormeilles-en-Parisis, Croissy, Dourdan, Elancourt, Epinay-sur-Orge, Ermont, Gonesse, Herblay, Jouars-Pontchartrain, Juvisy-sur-Orge, Lévy-Saint-Nom, Louveciennes, Magny-en-Vexin, Maule, Orsay, Le Pecq, Persan, La Roche-Guyon, Sartrouville, Sèvres, St-Cloud, St-Cyr-l'Ecole, St-Germain-en-Laye, Versailles (Notre-Dame et St-Louis), et Villiers-en-Arthies.

Sœurs de Saint-Paul (de Chartres). — A Ablis, Angerville, Argenteuil, Arpajon, Bourdonné, Dourdan, Gambais, Houdan, Mantes, Marly-la-Ville, Méréville, Meulan, Montfort-l'Amaury, La Norville, Orgeval, Osny, Poissy, Pontoise, Soisy-sous-Montmorency, St-Cyr-la-Rivière, St-Germain-lès-Arpajon, St-Hilarion et Triel.

Sœurs de la Providence (de Portieux). — A Andresy, Argenteuil, Brétigny, Chalô-St-Mars, Chamarande, Chambourcy, Chars, Chevreuse, Conflans-Ste-Honorine, Crosnes, Englien-les-Bains, Etampes, Etiolles, Jouy-en-Josas, Soisy-sous-Etiolles, Sonchamp, St-Germain-lès-Corbeil, Saint-Vrain, Tremblay-lès-Montfort et Ville-d'Avray.

Sœurs de St-André de la Croix (de Lapuye, Vienne). — A Arnouville-lès-Gonesse, Bruyères-le-Châtel, Courances, Forges-les-Bains, Galluis La Queue, Mantes, Mantes-la-Ville et Milly.

Sœurs du Sacré-Cœur (de Saint-Aubin-lès-Elbeuf). — A Brunoy, au Coudray, Leudeville, Montlhéry. Vert-le-Grand, Yères, Valmondois et Villecresnes.

Sœurs de la Miséricorde (de St-Sauveur-le-Vicomte, Manche). — A Champlan, Maisse, Les Mureaux, St-Chéron, St-Leu-Taverny et Vert-le-Petit.

Sœurs de la Providence (d'Alençon). — A Limay, Sevran, St-Illiers-le-Bois et Vaujours.

Sœurs de la Présentation de la Ste-Vierge (de Tours). — A Etampes, Meudon et Plaisir.

Sœurs de la Providence (de Reuillé-sur-Loir). — A Chevreuse, Dampierre et au Mesnil-St-Denis.

Sœurs de la Charité (de Nevers). — A Beaumont-sur-Oise, Epône et Luzarches.

Sœurs de Bon-Secours (de Troyes). — A Bougival, au Pecq et à Pontoise.

Sœurs de St-Charles (de Nancy). — A Baillet.

Sœurs de N.-D. du Calvaire. — A Bezons et à Franconville.

Sœurs de St-Maur (de Paris). — A Marines.

Sœurs de Ste-Anne (de Saumur). — A Marly-le-Roi.

Sœurs de la Sainte-Famille (de Bordeaux). — A Asnières-sur-Oise et a Mériel.

Sœurs de la Sagesse de St-Laurent-du-Pont. — A Montmorency et au Vésinet.

Sœurs de Ste-Marie-de-Lorette (de Paris). — A Trappes.

Sœurs de la Compassion (de St-Denis). — A Pontoise.

Sœurs de la Visitation (de Tours). — A Ris-Orangis.

Sœurs de St-Joseph (de Bourg). — A Bougival, Ville-Evrard, Groslay, Vaucluse.

Sœurs oblates de St-François de Sales. — A Morangis.

Sœurs de la Providence (d'Evreux). — A Bréval.

Sœurs du Sacré-Cœur de Jésus (de Coutances). — A Chanteloup et Ws.

Sœurs de St-Thomas-de-Villeneuve. — A Chaville, Draveil, Forges-les-Bains et St-Germain-en-Laye.

Sœurs de Bon-Secours (de Chartres). — A Dourdan et Etampes.

Sœurs Fidèles Compagnes de Jésus (de Paris). — A Rueil.

Sœurs de la Sagesse (*de St-Laurent-sur-Sèvres*). — A Versailles, dans les paroisses de St-Symphorien et de Ste-Elisabeth.

Sœurs de la Miséricorde (*de Blon*). — A Viarmes.

Sœurs de la Miséricorde du Père de la Salle. — A Villeneuve-St-Georges.

Sœurs de l'Immaculée-Conception (*de Paris*). — A Garges.

Servantes du Sacré-Cœur (*de St-Cloud*). — A St-Cloud, Argenteuil et Versailles.

Sœurs de St-Joseph (*de Neuilly-sur-Seine*). — A Arpajon.

Sœurs de la Charité de la Congrégation d'Evron. — A La Queue-Galluis.

Sœurs de Ste-Marthe (*de Paris*). — A Magny-les-Hameaux.

Sœurs de Marie-Joseph. — A Argenteuil.

Sœurs Conceptionnistes. — A Bonneuil.

Dames de Sion. — A Evry-sur-Seine.

Religieuses de la Vierge Fidèle. — A Livry.

Religieuses Bénédictines. — A Mantes.

Religieuses Clarisses. — A Versaillles

Religieuses Carmélites. — A Pontoise et St-Germain.

Religieuses Dominicaines. — A Sèvres.

Religieuses Augustines. — A Saint-Germain et Versailles.

Religieuses Visitandines de Vilna. — A Versailles.

Dames de la Retraite. — A Versailles.

Sœurs de l'Espérance. — A Versailles.

Servantes de Marie. — A Versailles.

Sœurs de la Nativité de la Très-Sainte-Vierge. — A St-Germain.

Sœurs de N.-D. des Sept-Douleurs (*du Mans*). — A Forges-les-Bains.

Filles de la Croix (*de Paris*). — A Gressey.

Une double ligne de limites entoure le diocèse de Versailles ; l'une intérieure qui le sépare du diocèse et du département de la Seine, l'autre extérieure qui le sépare au nord du diocèse de Beauvais, à l'ouest des diocèses d'Evreux et de Chartres, au sud du diocèse d'Orléans, à l'est du diocèse de Meaux.

Il occupe en totalité ou en partie les anciens pays dont les noms suivent, en allant du nord au sud : Parisis et Isle de France, Senlissois, Beauvoisis, Vexin français, Mantais, Pays de Madrie, Pincerais, Pays de Josas, Pays de Châtres, Beauce, Hurepoix, Estampois, Gâtinais, Melunois et Brie française.

Il se compose de fractions des anciens diocèses de Paris. (partie des arrondissements de Pontoise, de Versailles et de Corbeil), — de Rouen (partie des arrondissements de Pontoise et de Mantes), — d'Evreux (quatre communes de l'arrondissement de Mantes), — de Chartres (partie des arrondissements de Mantes, Versailles, Rambouillet et Etampes), — de Sens (partie des arrondissements d'Etampes et de Corbeil), — de Senlis, (une commune de l'arrondissement de Pontoise), — de Beauvais, (partie de l'arrondissement de Pontoise).

On trouvera plus bas une notice sommaire sur les fractions de chacun de ces anciens diocèses comprises dans les limites actuelles de la circonscription ecclésiastique de Seine-et-Oise.

LISTE DES ÉVÊQUES DE VERSAILLES.

1. Jean-Julien Avoine, *évêque constitutionnel*, 1791-1793.
2. Louis Charrier de la Roche, 1802-1827.
3. Etienne-Jean-François Borderies, 1827-1832.
4. Louis-Marie-Edmond Blanquart de Bailleul, 1832-1844.
5. Jean-Nicaise Gros, 1844-1857.
6. Jean-Pierre Mabile, 1858.

Le diocèse de Versailles n'a point, pensons-nous, d'armoiries particulières.

Le sceau de Mgr Mabile est ovale ; il porte, sur un champ diapré le monogramme du Christ surmonté des mots DEI VIRTVS et accosté de l'A et Ω. = Autour se lit cette légende en capitales gothiques : † SIG : PETRI : EPISC : + VERSALIENSIS.

Sources à consulter :

Les ouvrages indiqués à la suite de la notice sur chaque diocèse.

Les *Ordo* publiés chaque année par l'Evêché de Versailles.
La *Collection des lois* des années 1790, 1791, 1801, 1817, 1821.

La *Carte du diocèse de Versailles*, publiée par M. Mercier, vers 1869.
Tabula Diœcesis Versaliensis, auct. A. Dutilleux, 1874, faisant suite au présent travail.
Les *Cartes* de chacun des diocèses dont celui de Versailles a été formé.

II. — LES ANCIENS DIOCÈSES.

I. — DIOCÈSE DE PARIS.

Antérieurement à 1790, le diocèse de Paris avait pour limites au nord les diocèses de Senlis, de Beauvais et de Rouen, à l'est celui de Meaux, au sud celui de Sens, à l'ouest celui de Chartres.

Il avait, depuis sa fondation par Saint-Denis, vers 250, dépendu de la métropole de Sens, lorsqu'en 1622, le pape Grégoire XV, cédant aux sollicitations de Louis XIII, l'érigea en archevêché avec les diocèses de Chartres, Orléans et Meaux pour suffragants ; l'évêché de Blois y fut également rattaché, lors de sa création en 1697.

Le diocèse de Paris était divisé en quatre archidiaconés, deux archiprêtrés et sept doyennés ruraux, dont un enclavé dans le diocèse de Sens.

Le tableau suivant dressé en partie sur les indications de M. Desnoyers [1] et complété sur plusieurs points, présente l'indication des divisions diocésaines comparées aux pays anciens, et aux circonscriptions administratives actuelles.

L'importance exceptionnelle de ce diocèse au point de vue de la topographie ecclésiastique du département de Seine-et-Oise, nous a décidé à donner ce tableau tout entier.—Pour les diocèses suivants, nous ne reproduirons que les parties qui concernent plus particulièrement le diocèse actuel de Versailles.

[1] *Topog. ecclés. de la France*, t. I, p. 133.

DIOCÈSE DE PARIS (CIVITAS PARISIORUM)
(IIIe SIÈCLE)

4 archidiaconés ; — 2 archiprêtrés ; — 7 doyennés ruraux, dont un enclavé dans le diocèse de Sens.

DIVISIONS DIOCÉSAINES.	DIVISIONS CORRESPONDANTES — PAYS ANCIENS.	DIVISIONS CORRESPONDANTES — CIRCONSCRIPTIONS administratives actuelles.
I. CIVITAS ET BANLEUCA PARISIENSIS, VEL SUBURBIUM PARISIENSE. Territoire de Paris et de sa banlieue.	Partie de l'Isle-de-France et de la France proprement dite. (*Francia*).	Paris et sa banlieue.
1. *Archipresbyteratus parisiensis, p. beatæ Mariæ Magdalenæ.* Archiprêtré de Paris, ainsi nommé au XIIIe siècle, et plus tard archiprêtre de la Madeleine.	Partie centrale du diocèse.	Rive droite de la Seine et une petite partie des cantons de Neuilly, Saint-Denis, Pantin et Vincennes.
2. *Archipr. sancti Severini.* Archipr. de Saint-Séverin.		Rive gauche de la Seine et petite partie des cantons de Sceaux et de Villejuif.
II. ARCHIDIACONATUS MAJOR, VEL ARCHID. PARISIENSIS. Grand archidiaconé, autrement dit archidiac. de Paris ou du Parisis.	Le Parisis proprement dit et Petit-Parisis. (*Pagus parisiacus minor; propagus parisiensis*).	Département de Seine-et-Oise ; partie du département de la Seine ; du département de Seine-et-Marne et du département de l'Oise.
3. *Decanatus de Montemorenciaco, vel de Gonessa, vel de Sarcellis.* Doyenné de Montmorency, dit aussi D. de Gonesse ou de Sarcelles.	Grand Parisis. (*Pagus parisiacus*).	SEINE-ET-OISE. — Cantons d'Argenteuil, Montmorency, Ecouen. — Partie des cantons de Saint-Germain, Argenteuil, Pontoise, L'Isle-Adam, Luzarches et Gonesse. SEINE. — Partie du canton de Saint-Denis OISE. — Très-petite partie du canton de Creil.

DIVISIONS DIOCÉSAINES.	DIVISIONS CORRESPONDANTES	
	PAYS ANCIENS.	CIRCONSCRIPTIONS administratives actuelles
4. *Decanatus de Cala, vel de Musterolio* (XIIIe siècle), *vel de Montefirmelio.* Doyenné de Chelles, autrement dit de Montreuil ou de Montfermeil.		SEINE-ET-MARNE.— Très-petite partie du canton de Dammartin. SEINE-ET-OISE. — Partie du canton de Gonesse. SEINE. — Partie des cantons de Pantin, de Vincennes, et de Charenton. SEINE-ET-MARNE.— Partie des cantons de Claye et de Lagny.
III. ARCHIDIACONATUS DE JOSAYO, ALIAS HERIPENSIS, VEL HURIPENSIS. Archidiaconé de Josas, et, au XIIIe siècle, Arch. de Hurepoix.	Partie du Hurepoix. (*Pagus Heripensis*).	Département de Seine-et-Oise et partie du département de la Seine.
5. *Decanatus de Castroforti, vel de Maciaco, al. de Massiaco.* Doyenné de Châteaufort, antérieurement nommé D. de Massy.	Le Hurepoix, subdivisé en Pays de Josas, au S.-O. (*Pagus Jauciasensis* ou *Gaujiacensis*), et le pays de Châtres, au S. (*Pagus Castrensis*, *Castrisus*).	SEINE-ET-OISE. — Tout le canton de Palaiseau et celui de Sèvres; partie des cantons de Saint-Germain, Marly, Versailles, Chevreuse, Dourdan nord, Limours et Longjumeau. SEINE.— Tout le canton de Courbevoie ; partie du canton de Sceaux.
6. *Decanatus de Monte-Lerico, al. de Monte-Letherico, postea de Linais, al. de Linaio, de Essona, vel Montis-Gemelli.* Doyenné de Montlhéry, depuis et successivement nommé de Linas, d'Essonnes ou de Longjumeau.		SEINE-ET-OISE. — Partie des cantons de Longjumeau, Arpajon, Corbeil, Dourdan nord, Etampes et la Ferté-Alais. SEINE.—Partie du canton de Villejuif.

DIVISIONS DIOCÉSAINES.	DIVISIONS CORRESPONDANTES.	
	PAYS ANCIENS.	CIRCONSCRIPTIONS administratives actuelles.
IV. ARCHIDIACONATUS BRIÆ Archidiaconé de Brie.	Brie parisienne, partie N.-O. de la Brie française. (*Pagus*, vel *Saltus Briegius*.	Département de Seine-et-Oise, de la Seine, de Seine-et-Marne.
7. *Decanatus de Veteri-Corbolio, ante Decan. Mossiaci vel Musciaci in Bria, seu de Prateriis vel de Pratellis.* Doyenné du vieux Corbeil, nommé auparavant D. de Moissy-l'Évêque, et ensuite de Presles.		SEINE-ET-OISE.— La plus grande partie du canton de Boissy-Saint-Léger; partie du canton de Corbeil. SEINE.— Partie du canton de Charenton-le-Pont. SEINE-ET-MARNE. — Partie des cantons de Lagny et de Tournan.
8. *Decanatus de Latigniaco, vel Latiniacensis.* Doyenné de Lagny.	Idem.	SEINE-ET-OISE. — Petite partie des cantons de Boissy-Saint-Léger et de Gonesse.
	Idem.	SEINE. — Petite partie du canton de Charenton. SEINE-ET-MARNE. — Partie des cantons de Tournan, Brie-Comte-Robert et Rozoy-en-Brie.
9. *Decanatus de Campellis.* Doyenné de Champeaux, (situé hors du diocèse, dans celui de Sens, et relevant du chapitre).		SEINE-ET-MARNE.— Partie du canton de Mormant.

En 1790, l'évêché de Paris comprenait 492 paroisses dont 65 dans Paris ou sa banlieue ; il y avait en outre plusieurs églises capitulaires, parmi lesquelles, dans le territoire actuel de Seine-et-Oise, les chapitres de Saint-Etienne de Linas, Saint-Spire de Corbeil, Saint-Cloud et Luzarches.

ABBAYES

On comptait, dans ce vaste diocèse, un grand nombre d'abbayes d'hommes ou de femmes, dont plusieurs même n'existaient plus au moment où paraissait le *N. Gallia christiana.* Au nombre de ces établissements religieux, depuis longtemps détruits, nous devons citer, parce qu'elles appartenaient à notre circonscription, les abbayes suivantes :

NOTRE-DAME DE BRUYÈRES LE CHATEL, *Beata Maria Brogariensis, in pago Stampensi prope fluviolum Urbiam* (la rivière d'Orge), monastère de femmes fondé en 599 dans le canton d'Arpajon. — On ignore quand et comment il prit fin.

SAINT-MARTIN DE MONTMORENCY, *Sanctus Martinus de Montemorenciaco,* fondé en 1174 par Mathieu de Montmorency. Nous ne savons jusqu'à quelle époque subsista ce monastère.

L'YVETTE OU JUNEL, *Juneta intra parochiam Sancti Petri de Levi*, abbaye fondée par Pierre Yves de Levi, sur la rivière de l'Yvette, qui devint ensuite un prieuré réuni en 1733 à l'église Collégiale de Saint-Maur-des-fossés. (Ordre de St. B.)

SAINT-MÉRY DE LINAS, *Sanctus Medericus de Linacis.* On ignore la date de la fondation et celle de la fin de ce monastère.

GLATIGNY. Ce monastère est cité dans un registre de la Chambre des comptes de Paris, de l'année 1359 à 1381. Le *Gallia Christiana* n'est point fixé sur la situation de cette abbaye. Ne serait-ce point Glatigny, commune de Jouy-le-Moûtier, arrondissement et canton de Pontoise, mais qui dépendait cependant du diocèse de Paris ?

NOTRE-DAME DE CORBEIL, *Beata-Maria Corboliensis*; — existait déjà comme abbaye en 1125 ; elle devint dans la suite église paroissiale et son chapitre se confondit, en 1601, avec celui de Saint-Spire de la même ville.

SAINT-GUÉNAUD DE CORBEIL, *Sanctus Guenaldus Corboliensis.* — En 1007, les reliques de Saint-Guénaud, issu d'une grande famille armoricaine, furent transférées dans une église de Corbeil élevée par le Cte Aimon. Cette église, d'abord abbatiale, fut en 1134 transformée en un simple prieuré de chanoines réguliers dépendant de l'abbaye Saint-Victor de Paris. Au milieu du XVIIe siècle, elle était encore desservie par un religieux de cette Abbaye, qui prenait le titre de prieur de Saint-Guénaud.

SAINT-PIERRE DE MONTLHÉRY, *Sanctus Petrus de Montelherico.* — Elle existait antérieurement à 1125; en 1154 le roi Louis le Jeune la donna avec toutes ses dépendances aux religieux de Notre-Dame de Longpont; elle devint dès lors un simple prieuré.

Nous arrivons maintenant aux Abbayes qui subsistaient encore au moment de la publication du volume du *Gallia Christiana* qui traite du diocèse de Paris. Nous n'entrerons dans quelques détails que pour celles qui appartenaient à la circonscription actuelle de Seine-et-Oise, nous contentant de donner simplement le nom des monastères qui n'ont pas pour nous le même intérêt.

ABBAYES D'HOMMES

ORDRE DE SAINT-BENOIT.

Saint-Denis en France, (Seine), unie depuis le 15 juin 1686 à la Maison royale de Saint-Cyr.

Saint-Germain-des-Près, à Paris.

Bénédictins de la Congrégation de Saint-Maur, (Seine).

Saint-Pierre de Lagny, (Seine-et-Marne).

Saint-Martin-des-Champs, à Paris.

Bénédictins de la Congrégration réformée de Cluny, à Paris.

Saint-Denis de la Châtre, à Paris.

ORDRE DE SAINT-AUGUSTIN.

Saint-Victor, de Paris.

Sainte-Geneviève, de Paris.

HERIVAUX, *Beata Maria Herivallis,* — fondée dans le Doyenné de Montmorency, à deux lieues de Luzarches, vers 1130, par Ascelin, sieur de Marly-la-Ville et du Val. — Plusieurs personnages célèbres étaient inhumés dans l'église ou les dépendances de l'Abbaye, qui subsista jusqu'à la Révolution.

LYVRY-EN-L'AUNOIS, *Livriacum*, au Doyenné de Chelles, fondée en 1186, par Guillaume de Garlande ; ce monastère demeura constamment uni à Saint-Vincent de Senlis. Il fut dirigé depuis son origine jusqu'au commencement de la Révolution, par 47 abbés.

LA ROCHE, *Beata Maria Rupis*, au Doyenné de Châteaufort : Gui de Lévis, chevalier, fonda cette abbaye en 1196, non loin de Port-Royal-des-Champs. D'abord sous la dépendance de l'abbaye de Livry, Notre-Dame de la Roche s'affranchit de cette soumission dès l'an 1238. — On y conservait une Vierge en ivoire d'un travail admirable. — Il y existe encore une église du XIIIe siècle et des stalles très-remarquables.

Iverneaux, *Hibernale*. — Aujourd'hui écart de Ferroles. appartenant au diocèse de Meaux.

Sainte-Catherine du Val-des-Ecoliers, près la porte Bauders, depuis Baudoyer, à Paris.

ORDRE DE CITEAUX.

NOTRE-DAME DU VAL, *Vallis Beatæ Mariæ*, au Doyenné de Montmorency, sur la rive gauche de l'Oise, entre l'Isle-Adam et Mériel, fondée en 1125 et régulièrement constituée en 1136, par Anselme, de l'Isle-Adam. Elle devint le lieu de sépulture ordinaire des Seigneurs de Montmorency, de Villiers-Adam et de l'Isle-Adam. Les manses abbatiale et conventuelle furent réunies au monastère des Feuillants de Paris par lettres patentes de 1611 et 1625.

LES VAUX DE CERNAY, *Valles Sernaii*, au Doyenné de Châteaufort. — Elle fut fondée en 1128 par Simon de Neauphle-le-Château, près de la forêt Yveline, aux confins du diocèse de Paris et de Chartres. — Les comtes de Montfort, de Dreux, les Seigneurs de Chevreuse en furent les principaux bienfaiteurs. L'un des moines, Pierre des Vaux-de-Cernay, écrivit une chronique bien connue de la guerre des Albigeois. — Le dernier abbé, Louis-Charles du Plessis d'Argentré, mourut à Munster, pendant l'émigration, en 1807.

ORDRE DE PRÉMONTRÉ

Hermières, Hermeriæ, dépend aujourd'hui de la commune de Favières (Seine-et-Marne).

ABBAYE SÉCULIÈRE.

St-SPIRE DE CORBEIL, *St-Exuperius corboliensis,* au Doyenné de Montlhéry. — Fondée en 950, cette abbaye devint vers 1501 une église collégiale séculière. On y conservait les reliques de S. Exupère ou S. Spire, et celles de S. Leu, évêque de Bayeux. Elles furent jetées dans la Seine en 1793.

CONGRÉGATIONS.

Parmi les congrégations d'hommes, très-nombreuses et dont le siége d'ailleurs était fixé à Paris, nous citerons :

Les Frères de la doctrine chrétienne, fondée en 1544 par César de Bus.

Les Prêtres de l'Oratoire, fondée par Pierre de Bérulle en 1611.

Les Missions, ou Prêtres de Saint-Lazare, fondée en 1625 par Saint-Vincent de Paul.

Les Prêtres du Calvaire, au Mont-Valérien, entre Suresnes et Rueil, 1633.

S.-Nicolas du Chardonnet, séminaire fondé en 1612 par Adrien Bourdoise.

Le Séminaire de S. Sulpice, fondé par Jacques Olier, 1641.

Le Séminaire des Trente-Trois, (*Triginta trium*), fondé par Claude Bernard, vers 1630.

Les Missions étrangères, fondée vers 1650 par Alexandre de Rhodes.

Le Séminaire de S. Louis, institué par François de Chanciergnes, en 1680.

Et *le Séminaire du Saint-Esprit,* qui date de 1703.

ABBAYES DE FEMMES

ORDRE DE SAINT-BENOIT.

Chelles Ste Beauthour, ou *Ste Bathilde*, au diocèse de Meaux.

Le Val-de-Grâce, à Paris.

Malenoue, ou Footel, à Croissy-en-Brie (Seine-et-Marne).

NOTRE-DAME D'ARGENTEUIL, *Ba Maria de Argentolio*. C'était primitivement une abbaye de femmes fondée vers 655 par Ermanric et sa femme Numma. Charlemagne lui fit présent de la tunique sans couture de N. S. — La célèbre Héloïse était abbesse de ce monastère, quand il parut nécessaire d'opérer une réforme que ne rendait que trop urgente la vie très-peu régulière des religieuses. — Celles-ci furent dispersées et le monastère devint un simple prieuré d'hommes qui prit le nom de l'*Humilité de Notre-Dame d'Argenteuil*, et qui relevait de l'abbaye de Saint-Denis. — Par lettres patentes de 1788, ce prieuré fut réuni aux Carmes déchaussés de Charenton.

NOTRE-DAME DE GIF, sur la rivière d'Yvette, au diocèse de Versailles, fondée par l'Evêque Maurice de Sully, vers 1160. — Ce monastère eut 16 abbesses perpétuelles, puis cinq autres qui furent triennales, et enfin 13 titulaires; Il fut en 1785 réuni à l'abbaye de Chaillot.

NOTRE-DAME D'YERRES, paroisse du même nom, près Grosbois (Seine-et-Oise). — Fondée en 1138 par Eustachie de Corbeil et son mari Jean d'Etampes, elle eût successivement 30 abbesses perpétuelles, et 6 titulaires à la nomination royale. La dernière abbesse, nommée en 1770, mourut en 1815 aux environs de Pont-Sainte-Maxence.

GERCY OU JARCY, dépendance actuelle de Varennes, canton de Boissy-St Léger. — Cette abbaye, qui appartenait primitivement à l'ordre de S. Augustin, doit sa fondation vers 1269, à Alphonse, comte de Poitiers et de Toulouse. On voyait, dans le chœur des religieuses le mausolée de Jeanne de Toulouse, femme de ce prince. Des religieuses bénédictines de Montmartre vinrent, en 1515, réformer l'abbaye qui suivit dès lors la règle de St-Benoît.

— Elle fut administrée depuis son origine jusqu'à la Révolution, par 8 abbesses de l'ordre de St-Augustin, 3 abbesses triennales et 11 abbesses perpétuelles de l'ordre de St-Benoît.

Montmartre, (*Mons Martyrum*), (1134), près Paris.

Issy, (*Issiacum*), id.

Valdôsne, (*Vallis Onœ*), près Charenton (Seine).

La Saussaye, (*Salceia*), près Villejuif (id.)

Ste-Madeleine de Trainel, à Paris.

Le Val-St-Thomas, commune de Dannemarie, (Seine-et-Marne).

Notre-Dame-des-Prèz, rue du Bac, à Paris.

Notre-Dame de la Conception, à Conflans, près Paris.

Notre-Dame-de-Bon-Secours, rue de Charonne, à Paris.

La Présentation de la Vierge, aujourd'hui Collége Rollin, id.

Notre-Dame de la Consolation, ou *du Chasse-Midi*, id.

St. Louis de Torcy, (Seine-et-Marne).

Les Filles du Calvaire, à Paris.

ORDRE DE SAINT-AUGUSTIN.

Ste Périne de la Villette, (*S. Petronillâ de Villula*), Paris.

Ste Geneviève de Chaillot, fondée d'abord à Nanterre, puis transférée à Paris.

Les Filles de S. Gervais, à Paris.

ORDRE DE CITEAUX.

St. Antoine, à Paris.

L'Abbaye-au-Bois, d'abord au diocèse de Noyon, transférée ensuite à Paris

Ste Marie de Pentemont, (*de Pentemonte*), fondée primitivement à Beauvais, puis transportée à Paris, rue de Grenelle.

PORT-ROYAL ou PORROIS, aujourd'hui commune de Magny-les-Hameaux, canton de Chevreuse, (Seine-et-Oise). Cette célèbre abbaye fut fondée vers 1204 par Eudes de Sully, évêque de Paris, et Mathilde de Garlande, femme de Mathieu de Marly. Les Seigneurs de Montfort, de Chevreuse et de Montmorency firent d'importantes donations à ce monastère. Les Papes, de leur côté et les Rois de France lui accordèrent nombre de priviléges.

L'observation de la règle si austère de Citeaux était depuis longtemps oubliée dans l'abbaye, quand une abbesse de 17 ans, Marie-Angélique Arnaud, résolut, en 1609, d'y établir la réforme. Au milieu d'une très-ardente controverse, elle continua son œuvre avec un tel succès que le monastère qui renfermait à la fin du XVIe siècle seulement 10 religieuses et 2 novices, en comptait près de 80 vers 1625. Les bâtiments de l'ancienne abbaye se trouvant dès lors insuffisants, les religieuses furent successivement transférées à Paris, dans une maison de la rue Saint-Jacques, qui prit le nom de *Port-Royal de Paris*, tandis que la maison-mère fut appelée *Port-Royal des Champs*

Après le départ des filles de Saint-Bernard, Port-Royal des Champs se peupla de solitaires qui lui donnèrent bientôt une nouvelle célébrité. Les plus illustres d'entre eux furent les deux Arnaud, frères de la mère Angélique, Nicole, Lancelot, les quatre frères Le Maistre, Le Nain de Tillemont, etc. Pascal visitait souvent les pieux solitaires ; Racine, les deux Bignon, Achille de Harlay et bien d'autres s'instruisirent et se formèrent auprès d'eux. Défenseurs ardents du Jansénisme, la persécution ne tarda pas à les atteindre, et ils furent, en 1656, chassés de leur retraite pour avoir refusé de se soumettre aux condamnations du Saint-Siége.

Le titre abbatial de Port-Royal des Champs fut supprimé par une ordonnance du cardinal de Noailles, archevêque de Paris, du 11 juillet 1709, et les biens de la maison-mère furent réunis à celle de Port-Royal de Paris. Les bâtiments furent presque totalement détruits en 1710 [1].

Maubuisson, près Pontoise, commune de Saint-Ouen-l'Aumône, au diocèse de Versailles, (*Sancta-Maria regalis, seu Malodunum*). — La Reine Blanche de Castille, mère de Saint-Louis, la fonda en 1214, dans un lieu appelé Aulnay, à une demi-lieue de Pontoise et la transporta dans un terrain appelé *Maubuisson*, acheté par elle à cet effet l'année suivante. La Reine-Mère affectionnait beaucoup ce monastère et voulut y être inhumée. Saint-Louis et

[1] L'histoire de Port-Royal a été écrite par Racine, par l'abbé Besoigne, par D. Clément, et plus récemment par Ste-Beuve, 5 vol. in-8°, 1844-1845.

ses successeurs enrichirent cette abbaye qui renfermait les tombes de plusieurs princes de la famille royale. Elle fut administrée, jusqu'en 1791, par 28 abbesses parmi lesquelles figurent les noms des familles les plus illustres.

ORDRE DE SAINTE-CLAIRE.

Longchamps, sur la lisière du Bois-de-Boulogne, (Seine).

Saint-Marcel ou *l'Ourcine-Saint-Marcel,* à Paris.

Sainte-Claire, ou *les Petites Franciscaines,* au Faubourg-Saint-Germain, (id).

Les Sœurs de l'Ave Maria, près de l'église Saint-Paul, (id).

PRIEURÉS.

Liste des principaux prieurés du diocèse de Paris, rangés par ordre alphabétique de paroisses.

Argenteuil. — Athis (Mons, commune d'). — Aulnay-lès-Bondy.

Boissy-St-Léger (Grosbois, commune de) — Bouffémont (*Boscus St. Petri,* à). — Briis-sous-Forges. — Bruyères-le-Châtel (Saint-Didier, à).

Châteaufort. — Chevreuse (St-Saturnin, à). — Conflans-Ste-Honorine. — Corbeil (Notre-Dame, St-Guénaud, Ste-Radegonde, à). — Deuil. — Domont.

Essonnes. — Evry-le-Château (Pr. de Varnelles, à), (S.-et-M.)

Forges (Notre-Dame, à).

Gagny. — Gometz-le-Châtel (St-Clair, à).

Jagny.

Limours. — Linas (St-Merry, à). — Longjumeau (St-Eloi, à). — Longpont. — Luzarches (St-Nicolas, à).

Marcoussis (couvent des Célestins, à). — Marly-la-ville. — Marly-le-Roy. — Marolles. — Monceaux (Ste-Radegonde, aux). — Montlhéry (St-Pierre, à). — Moussy-le-Neuf, (S.-et-M.).

Orsay (St-Martin, à).

Palaiseau — Pomponne, (S.-et-M.)

Roissy-en-France.

St-Germain-en-Laye. — St-Jean de-Beauregard. — St-Leu-Taverny. — St-Mandé, (S.). — St-Prix. — St-Remy-des-Landes (St-Paul, à). — St-Vrain. — St-Yon. — Saulx-les-Chartreux (Pr. Notre-Dame, à).

Taverny.

Versailles. — Villemomble (Ransy, à), (S.). — Villeparisis, (S. et M.). — Villepreux. — Sainte-Périne de la Villette (S.), — Les Minimes de Vincennes, (S.)

MALADRERIES, HOSPICES, etc.

Arpajon.

Baillet. — Bièvres. — Boissy-St-Léger (Grosbois, commune de). — Boulogne, (S.). — Bourget (le), (S.). — Brie-Comte-Robert, (S.-et-M.) — Charenton-le-Pont, (S.). — Châteaufort. — Chatenay, (S.) — Chevreuse. — Chilly-Mazarin. — Corbeil. — Courbevoie, (S.).

Essonnes.

Fontenay-sous-Forges. — Franconville.

Gif. — Gonesse. — Gournay-sur-Marne. — Grisy, (S.-et-M.)

Juvisy.

Lagny, (S.-et-M.). — Laqueue-en-Brie (Champbraux, à). — Linas. — Longjumeau. — Longpont. — Luzarches.

Marolles. — Montgeron. — Montlhéry. — Montmorency.

Noisy-le-Grand.

Pierrefite, (S.). — Pomponne, (S.-et-M.).

Roissy-en-France. — Rueil.

Saint-Brice. — Saint-Denys, (S.). — Saint-Leu-Taverny. — Saint-Mandé, (S.). — Saint-Maur-les-Fossés, (S.). — Servon, (S. et M.). — Stains, (S.).

Vieux-Corbeil. — Villeneuve-St-Georges. — Villepreux. — Villiers-Le-Bel. — Vincennes, (S.).

COMMANDERIES ET MAISONS

DE L'ORDRE DU TEMPLE OU DES CHEVALIERS DE MALTE [1].

Grand Prieuré de France, Commanderie du Temple, à Paris.

Commanderie de Saint-Jean de Latran, ordre de Malte, à Paris.

COMMANDERIES. — Clichy-en-l'Aunois. — Saint-Jean-en-l'Isle, près Corbeil.— Balisy, près Longjumeau.— Le Déluge, près Marcoussis. — Puiseux. — Fromont, près Ris-Orangis. — La Brosse, commune de Saint-Lambert.

MAISONS DU TEMPLE OU DE MALTE. — Le Mail, près Argenteuil. — Hôtel des Clos, Campagne, les Bordes, à ou près Corbeil. — Ferroles, (S.-et-M.) — Fontenay-lès-Louvres. — Gonesse. — Les Loges-en-Josas. — Le Boulay, commune des Troux. — Montauger, commune de Lisses. — Montmorency. — Orangis. — *Rupellæ,* à Saint-Prix. — Saclay. — Saint-Aubin. — Sarcelles. — Tigery.

ÉVÊQUES ET ARCHEVÊQUES DE PARIS.

L'Evêque de Paris était seigneur temporel de plusieurs fiefs situés dans Paris ou hors de la ville, parmi lesquels nous citerons celui de Poissy comme appartenant au territoire actuel de Seine-et-Oise.

Par lettres-patentes datées de Versailles du 7 avril 1674, Louis XIV érigea en duché-pairie la seigneurie de Saint-Cloud que possédaient les Archevêques de Paris, et affecta à perpétuité ce titre à François de Harlay de Champvallon et à ses successeurs. En raison de cette dignité, l'Archevêque de Paris prenait place au Parlement parmi les pairs laïques et en était Conseiller d'honneur né. La justice de l'Archevêque, appelé la *temporalité*, connaissait

[1] MANIER, *Les Commanderies du grand Prieuré de France.* Paris. Aubry, 1872.

des appellations des sentences rendues en matière civile par les officiers des justices des terres dépendantes du temporel de l'Archevêché.

Les armes de l'Eglise métropolitaine de Paris et du duché de Saint-Cloud étaient : *d'azur semé de fleurs de lys d'or, à la crosse de même posée en pal et brochant sur le tout.*

LISTE DES ÉVÊQUES ET DES ARCHEVÊQUES DU DIOCÈSE DE PARIS

1 Saint-Denis, Ier évêque, martyrisé vers l'an 275.
2 Mallo ou Mellon.
3 Massus.
4 Marcus.
5 Adventus.
6 Victorin, 346.
7 Paul, v. 360.
8 Prudent, 400.
9 Saint-Marcel, v. 410-435.
10 Vivien.
11 Félix.
12 Flavien.
13 Ursicin.
14 Apedemius ou Apedianus.
15 Heraclius, 511-523.
16 Probatus.
17 Amélius, 533-541.
18 Saffarachus, 549-555.
19 Eusèbe Ier, 551.
20 St-Germain, 555-576.
21 Ragnemodus, 576 591.
22 Eusèbe II.
23 Pharamond.
24 Simplice.
25 St-Céran, 614-625.
26 Leudebert, 625.
27 Audebert, v. 635-650.
28 St-Landry, v. 625-656.
29 Chrodebert, v. 658-663.
30 Sigobaud, 664.
31 Importun, 665.
32 St-Agilbert, v. 667-675.
33 Sigefroy, 691.
34 Turnvaldus, 693-700.
35 Adolphe.
36 Bernechaire, v. 711.
37 St-Hugues Ier, vers 725-730.
38 Merseidus.
39 Fédolus.
40 Ragnecaptus.
41 Madalbert ou Maubert.
42 Deodefridus, 757-765.
43 Erchenrade Ier, 775-794.
44 Ermenfredus, 809.
45 Inchadus, 811-831.
46 Erchenrade II, 832-850.
47 Enée, 856-870.
48 Ingelwin, 871-883.
49 Gaucelin ou Gozlin, 883-886.
50 Anschericus, 886-911.
51 Theodulfe, 911-922.
52 Fulrade, 922-926.
53 Adelelmus, 927.
54 Gautier Ier, vers 930-941.
55 Albericus ou Ascelin.
56 Constant, 954.
57 Garin.
58 Renaud Ier, vers 979-980.
59 Elisiard ou Lisierne, v. 982-988.
60 Gilbert, 991.
61 Renaud II, de Vendôme, 992-1016.
62 Asselin, ou Albert de Tronchiennes, 1016-19.
63 Francon, vers 1020-1030.
64 Imbert de Vergy, 1030-1060.
65 Geoffroy de Boulogne, 1061-1095.
66 Guillaume Ier de Montfort, 1095-1102.
67 Foulques Ier, 1102-1104.
68 Galon, 1104-1116.
69 Gisbert, 1116-1124.
70 Etienne Ier, de Senlis, 1124-1143.
71 Thibaud, 1143-1159.

72 Pierre Ier, Lombard. 1159-1160.
73 Maurice de Sully, 1160-1196.
74 Eudes de Sully, 1197-1208.
75 Pierre II, de Nemours, 1208-1219.
76 Guillaume II, de Seignelay, 1219-1223.
77 Barthélemy, 1224-1227.
78 Guillaume III, d'Auvergne, 1228-1248.
79 Gauthier II, de Château-Thierry, 1250.
80 Renaud III, de Corbeil, 1250-1268.
81 Etienne II, Tempier, 1268-1279.
82 Ranulfe d'Homblonière, 1280-1288.
83 Simon Mathias de Bussy, 1289-1304.
84 Guillaume IV, de Baufet d'Aurillac, 1305-1319.
85 Etienne III, de Bourret, 1321-1325.
86 Hugues II, de Besançon, 1326-1332.
87 Guillaume V, de Chanac, 1332-1342.
88 Foulques II, de Chanac, 1342-1349.
89 Audouin Aubert, 1349-1350.
90 Pierre III, de la Forêt, 1350-1352.
91 Jean Ier, de Meulan, 1352-1363.
92 Etienne IV, de Paris, 1363-1368.
93 Ameri de Meignac, 1368-1383.
94 Pierre IV, d'Orgemont, 1384-1409.
95 Gérard de Montaigu, 1409-1420.
96 Jean II, Courtecuisse, 1421-1422.
97 Jean III, de la Roche-Taillée, 1422-1423.
98 Jean IV, de Nant, 1423-1426.
99 Jacques Ier, du Chatellier, 1427-1438.
100 Denis II, du Moulin, 1439-1447.
101 Antoine du Bec-Crespin, élu le 28 octobre 1447, passé au siége de Laon avant d'être institué.
102 Guillaume VI, Chartier, 1447-1472.
103 Louis de Beaumont de la Forest, 1472-1492.
104 Girard Gobaille, élu le 8 août 1492, mort avant d'être institué.
105 Jean V, Simon de Champigny 1492-1502.
106 Etienne V, de Poncher, 1503-1519.
107 François Ier, de Poncher, 1519-1532.
108 Jean VI, cardinal de Bellay, 1532-1550.
109 Eustache de Bellay, 1551-1564.
110 Guillaume VII, Viole, 1564-1568.
111 Pierre V, cardinal de Gondy, 1569-1598.
112 Henri, cardinal de Gondy, 1598-1622.
» Jean-François de Gondy, coadjuteur du précédent, 1622.

ARCHEVÊQUES.

113 Jean VII, François de Gondy, 1622-1654.
114 Jean VIII, François-Paul de Gondy, cardinal de Retz, 1654-1662.
115 Pierre VI, de Marca, 1662.
116 Hardouin de Péréfixe de Beaumont, 1662-1671.
117 François II, de Harlay de Champvallon, 1671-1695.
118 Louis II, Antoine, cardinal de Noailles, 1695-1729.
119 Charl. Gasp. Guill. de Vintimille du Luc, 1729-1746.
120 Jacques II, Bonne-Gigault de Bellefonds, 1746.
121 Christ. de Beaumont du Repaire, 1746-1781.
122 Ant. Eléon. Léon Leclerc de Juigné de Neuchelles, 1781-1790.
123 Jean-Bapt.-Jos. Gobel, *Archev. constitutionnel*, 1791-1793.
124 Jean-Baptiste Royer, *Evêque constitutionnel*, 1798-1801.
125 Jean IX, Bapt. cardinal de Belloy, 1802-1808.
126 Cardinal Fesch, nommé le 31 janvier 1809, refuse.
127 Jean Siffrein, cardinal Maury, 1810-1815.
128 Alex.-Angèl., cardinal de Talleyrand-Périgord, 1817-1821.

129 Hyac.-Louis de Quélen, coadjuteur du précédent, 1821-1839.
130 Denis III, Aug Affre, 1840-1848.
131 Marie-Domin.-Auguste Sibour, 1848-1857.
132 François III, Nicol.-Madel. Morlot, cardinal, 1857-1862.
133 Georges Darboy, 1863-1871.
134 Joseph-Hyppol. Guibert, cardinal, 1871.

Sources à consulter :

Nova Gallia christiana. t. VII.
La France Pontificale, par FISQUET ; Métropole de Paris, 2 vol. in-8°, s. d.
VALOIS. — *Notitia Galliarum.*
DUBOIS. — *Histoire ecclésiastique de Paris.*
Abbé LEBEUF. — *Histoire de la ville et de tout le diocèse de Paris*, 1754. — Nouvelle édition publiée par M. COCHERIS, Paris 1863 et suiv.
DESLIONS. — *Eclaircissements sur l'ancien droit de l'Evêque de Paris sur Pontoise et le Véxin François*, 1694.
DESNOYERS. — *Topographie ecclésiastique de la France*, t. Ier, p. 133-185.
MARION. — *Liste des Evêques*, dans les Annuaires de la Société de l'Histoire de France.
GUÉRARD. — *Polyptique de l'abbé Irminon.*
— *Cartulaire de Notre-Dame de Paris.* On y trouve les Pouillés de la Bibliothèque nationale nos 5526 (XIII s.) et 5199 (XVI s.), plus une nouvelle édition du Pouillé de DENYS, 1764.
POUILLÉS. — *Manuscrits* de la Bibliothèque nationale, n° 5218.
— Id. — Id. (XVII s.) nos 9364 et St-Germ. n° 879.
Le grand Pouillé des bénéfices, de G. ALLIOT. 1626 ; imp.
Pouillé général de 1648. (Collect. G. ALLIOT) ; imp.
Pouillé de Paris, de LE PELLETIER, 1692.
Pouillé du diocèse de Paris, par DENYS, 1764, in-8°, — 1767, in-fol. avec cartes.

Cartes du diocèse de Paris, par SANSON, 1622, 1679, 1705, etc.
— par DUVAL, 1 feuille. 1663 et 1667.
— par JOUVIN DE ROCHEFORT, 1 f. 1714.
— par JAILLOT, (s. d.) de la fin du XVIIe s.
La grande et belle *Carte* en 4 f. de DEFER, dressée par ordre du cardinal de Noailles ; 2 éditions : 1708 et 1728.
Carte de Nolin ; dans le *Nova Gallia christiana*, t. VII.
Carte de R. de Vaugondy, 1761, revue par l'abbé LEBEUF.
8 *cartes*, dont une d'assemblage, dans le Pouillé publié en 1767 par le géogr. DENYS, sur les notes de l'abbé LEBEUF.
Carte du diocèse de Paris, par DUPAIN-TRIEL, en 1 f., 1784.

II. — DIOCÈSE DE SENS.

L'Archevêché de Sens fut fondé vers la fin du IIIe siècle et compta, jusqu'en 1622, sept suffragants : Chartres, Auxerre, Meaux, Paris, Orléans, Nevers et Troyes. En 1622, lorsque le siége de Paris eut été érigé en métropole, on détacha, pour les réunir à Paris, les évêchés de Chartres, de Meaux et d'Orléans. Sens ne conserva comme suffragants que les évêchés de Troyes. Auxerre et Nevers.

La constitution civile du clergé, en 1791, fit perdre au siége de Sens sa dignité métropolitaine, et il devint un simple évêché ressortissant à l'archevêché de Paris. Le diocèse de Sens fut même entièrement supprimé par le concordat de 1801, et incorporé au diocèse de Troyes. Rétabli par le concordat avec son titre de métropole, il possède, depuis 1822, dans sa circonscription, les évêchés de Troyes, de Nevers et de Moulins.

Avant 1790, ce diocèse avait pour limites, au N. les évêchés de Paris et de Meaux ; à l'O. ceux de Chartres et d'Orléans ; au S. ceux d'Auxerre et de Langres, et à l'E. celui de Troyes.

Il était divisé en cinq archidiaconés et 13 doyennés, savoir : 1° l'archidiaconé de Sens ou grand archid., *Archid. Senonensis, sive archid. major*, comprenant les doyennés de la Chrétienté ou de Sens et de sa banlieue, *decan. christianitatis, vel civitatis et banleucæ Senonensis;* le D. de Pont ou de Marolles, *decan. de Pontibus, al. Matroliarum, vel de Matriolis;* le D. de Courtenay, *decan. de Curtiniaco;* celui de Saint-Florentin, *decan. S.-Florentini;* celui de la rivière de Vanne ou de Pont-sur-Vanne, *decan. Riparie Vannæ, al. de Pontibus super Vanam;* et celui de Trainel, *decan. Trianguli, al. de Triagnello.* — 2° L'archid. du Gâtinais, *Archid. Wastinensis*, composé du doyenné de Milly, *decan. de Miliaco vel Milliaci;* du Gâtinais, *decan. Wastinensis;* et de Ferrières, *decan. Ferreriarum.* — 3° L'archid. de Melun, *Archid. Melodunensis. al. Meludunensis*, comprenant les doyennés de

Melun, *decan. Meloduni, al. Meludunensis,* et de Montereau-faut-Yonne, *decan. Musterolii.* — 4° L'archid. de Provins, *Arcihid. Pruvinensis*, composé du doyenné de Provins, *decan. Pruvinensis, al. de Pruviniaco*, seulement. — Et 5° L'archid. d'Etampes, *Archid. Stampensis*, ne comprenant également qu'un seul doyenné, celui d'Etampes, *decan. Stampensis, al. de Stampis.*

Le tableau suivant indique les divisions diocésaines de l'évêché de Sens, correspondant aux pays anciens et aux circonscriptions administratives actuellement comprises dans le diocèse de Versailles et, par conséquent, dans le département de Seine-et-Oise.

DIVISIONS DIOCÉSAINES.	DIVISIONS CORRESPONDANTES	
	PAYS ANCIENS.	CIRCONSCRIPTIONS administratives actuelles.
ARCHIDIACONATUS WASTINENSIS. Archidiaconé du Gâtinais. *Decanatus de Miliaco.* Doyenné de Milly.	Le Gâtinais (*Pagus Wastinensis*).	Département de SEINE-ET-OISE. — Arrondissement d'Etampes. Petite partie du canton de Milly. Département de SEINE-ET-MARNE. — Partie des cantons de Lorrez, Chapelle-la-Reine, Château-Landon et Nemours.
ARCHIDIACONATUS STAMPENSIS. Archidiaconé d'Etampes. *Decanatus Stampensis.* Doyenné d'Etampes.	L'Estampois, portion de la Beauce. (*Pagus Stampensis*). — Petite partie du Hurepoix. (*P. Huripensis*).	Département de SEINE-ET-OISE. — Partie des cantons d'Etampes, Méréville, Milly et la Ferté-Alais. Département du LOIRET. — Partie des cantons de Outarville et de Pithiviers.
ARCHIDIACONATUS MELODUNENSIS. Archidiaconé de Melun. *Decanatus Melodunensis.* Doyenné de Melun.	Le Mélunois, partie du Gâtinais. (*Pagus Miglidunensis, vel Meludunensis*).	Département de SEINE-ET-OISE. — Partie des cantons de la Ferté-Alais, de Milly et de Corbeil. Département de SEINE-ET-MARNE. — Partie des cantons de Melun, du Chastelet et de Brie-Comte-Robert.

Antérieurement à la Révolution, le diocèse de Sens comprenait 774 paroisses, 34 annexes et 15 églises collégiales, parmi lesquelles nous citerons, comme appartenant à notre région, les collégiales de Sainte-Croix à Etampes, et de Notre-Dame à Milly; on y comptait 19 abbayes d'hommes et 7 abbayes de femmes. Nous donnons l'indication sommaire de celles qui rentrent dans le cadre que nous nous sommes tracé.

Nous ne nous occuperons en effet ici, et pour les diocèses suivants, que des établissements religieux situés dans les limites actuelles du département de Seine-et-Oise. On trouvera cependant indiqués, sur la carte qui fait suite à notre travail, ceux de ces établissements compris dans le périmètre entier de cette carte.

ABBAYES.

L'une d'entre elles n'existait plus depuis longtemps au moment de la Révolution; Le *Gallia Christiana* en cite seulement le nom dans la phrase suivante : *in agro Stampensi fuit olim sanctimonalium Abbatia Brunechildi reginæ attributa.* »

Les 2 autres abbayes, celle de Morigny et celle de Villiers-aux-Nonains, sont mieux connues.

MORIGNY. — Abbaye d'hommes de l'ordre de Saint-Benoît, fondée vers 1102 par Anseau ou Anselme, fils d'Arembert, seigneur d'Etrechy et de Morigny. L'église fut consacrée, en 1120 par le pape Calixte II. Les rois de France, et en particulier Philippe Ier et Louis-le-Gros enrichirent cette abbaye de donations importantes. Elle continua de prospérer jusqu'au siècle dernier; elle s'était unie, en 1629, à la congrégation de Saint-Maur. Quand la Révolution vint mettre fin à son existence, elle comptait 52 abbés tant réguliers que commendataires [1].

VILLIERS-AUX-NONAINS. — Cette abbaye de femmes était placée sous l'invocation de la Vierge, et observait la règle de l'ordre de

[1] M. Menault, membre du Conseil général de Seine et-Oise, a consacré à l'abbaye de Morigny un savant travail suivi du Cartulaire, jusqu'alors inédit, de cet important établissement monastique.

Citeaux. Sa fondation, que l'on regarde comme royale, remonte à l'année 1220 ; elle était située près de La Ferté-Alais, dans le Hurepoix. Le roi St-Louis, Blanche de Castille sa mère, et sa femme Marguerite, firent des donations importantes à l'abbaye naissante. Elle fut, jusqu'en 1763, administrée par 23 abbesses A la mort de la dernière d'entre elles, Louise-Barbe Berthon de Crillon, le monastère fut réuni à l'abbaye de la Joie, (aujourd'hui au diocèse de Meaux).

Indépendamment de ces abbayes, il existait à Etampes un couvent de Mathurins.

PRIEURÉS.

Auverneaux. — Baulne. — Courances. — Etampes. — Etrechy. — La Ferté-Alais. — Maisse. — Méréville. — Milly. — Soisy-sur-Ecole.

MALADRERIES.

Bouray. — Champigny (annexe de Morigny). — Etampes. — Etrechy. — La Ferté-Alais. — Maisse. — Milly. — Saclas.

MAISONS DU TEMPLE OU DE MALTE.

Commanderies. — Auverneaux. — Etampes. — Itteville. (La Saussaye. *Sauceium*, près d').

Maisons du Temple. — Chaufour. — Le Chesnay, *Quercetum*. à une demi-lieue d'Etampes.— Fontenette, *Fontanetum*, près d'Abbeville.

D'Hozier, dans son *Armorial général*. Généralité de Paris, reg. I, t. 2 (1698), donne pour armes à l'Archevêché de Sens : *un écusson d'azur, au chevron d'argent cantonné de 3 molettes d'or;* mais il y avait auparavant un autre écu plus réellement historique, qu'on trouve reproduit dans de vieux titres et qui est ainsi conçu : *d'azur à la croix d'argent cantonnée de 4 crosses d'or, fleuronnées, à double crosse*; Supports : deux anges : Timbre : une croix surmontée d'un chapeau de cardinal.—Devise : C. A. M.

P. O. N. T., mot composé de la première lettre du nom de chacun des sept siéges épiscopaux suffragants, avant le démembrement du siége archi-épiscopal sous Louis XIII. par l'érection de Paris en archevêché [1].

ARCHEVÊQUES DE SENS.

Les archevêques de Sens prenaient autrefois le titre de vicomtes de Sens, de vicaires apostoliques du Saint-Siége et de primats de Germanie et des Gaules. Cette dernière qualification engendra maintes contestations entre plusieurs de ces prélats et les archevêques de Lyon, qui finirent par l'emporter et par conserver le titre de primats des Gaules.

Depuis Saint-Savinien, considéré comme le 1er archevêque de Sens, 112 prélats ont occupé ce siége ; en voici la liste :

1 St-Savinien.
2 St-Potentien.
3 Léonce.
4 St-Séverin, 346.
5 Audactus.
6 Héraclien.
7 Lunaire.
8 Simplice.
9 St-Urcisin, vers 360-390.
10 St-Théodore, vers 395.
11 St-Siclin.
12 St-Ambroise.
13 St-Agrice, vers 455-487.
14 St-Héraclius, vers 496-512.
15 St-Paul, vers 520-525.
16 St-Léon, vers 533-547.
17 Constitutus, vers 549-573.
18 St-Artemius, 579-610.
19 St-Loup Ier, vers 610-623.
20 Mederius, 625.
21 Hildegaire, vers 631-639.
22 Annobert, 640.
23 Armentaire, vers 650-653.
24 Arnoul.
25 St-Eurmon, vers 658-675.
26 Laudebert, 678.
27 St-Wulfran, 692-695.
28 Goeric, vers 696.
29 St-Ebbon, vers 709-743.
30 Mérulf.
31 Artobert, vers 744.
32 Loup II, 765.
33 Willaire, 767-780
34 Godescalc.
35 St-Goubert.
36 Pierre Ier, vers 785.
37 Willebaud, vers 790.
38 Béraud, 792-797.
39 Ragembert, 798-800.
40 Magne, 801-818.
41 Jérémie, 818-827.
42 St-Audry, 829-836.
43 Wenilon, 837-865.
44 St-Egilon, 865-870.
45 Ansegise, 871-838.
46 Evrard, 884-887.

[1] Cette indication sur les armes de l'archevêché de Sens, nous a été obligeamment communiquée par M. Quantin, Archiviste de l'Yonne.

47 Gauthier Ier, 887-923.
48 Gauthier II, 923-927.
49 Adaud, 927-932.
50 Guillaume Ier, 932-938.
51 Géraud, 938-954.
52 Hilderman, 954-959.
53 Archambaud, 959-968.
54 Anastase, 968-977.
55 Sévin, 977-999.
56 Leothericus, 1000-1032.
57 Gilduin, 1032-1049.
58 Mainard, 1049-1062.
59 Richer, 1062-1096.
60 Daimbert, 1098-1122.
61 Henri Ier, Sanglier, 1123-1142.
62 Hugues de Toucy, 1142-1168
63 Guillaume II, cardinal de Champagne, 1168-1176
64 Gui Ier, de Noyers, 1176-1193.
65 Michel de Corbeil, 1194-1199.
66 Pierre II, de Corbeil, 1200-1222.
67 Gauthier III, Cornut. 1213-1241.
68 Gilles Ier, Cornut, 1244-1254.
69 Henri II, Cornut, 1255-1257.
70 Guillaume III, de Brosses, 1258-1267.
71 Pierre III, de Charny, 1267-1274.
72 Pierre IV, d'Anisy, 1274.
73 Gilles II, Cornut, 1275-1292.
74 Etienne Ier Bécard, 1292-1309.
75 Philippe Ier, de Marigny, 1309-1316.
76 Guillaume IV, de Melun, 1317-1329.
77 Pierre V, Roger. 1329-1330.
78 Guillaume V, de Brosses, 1330 1338.
79 Philippe II, de Melun, 1339-1344.
80 Guillaume VI, de Melun, 1344-1376.
81 Adhémar Robert, 1376-1385.
82 Gonthier de Dagnaux, 1385.
83 Gui II, de Roye, 1385-1390.
84 Guillaume VII, de Dormans, 1390-1405.
85 Hugues Blanchet, 1405-1406.
86 Jean Ier, de Montagu, 1406-1415.
87 Henri III, de Savoisy, 1418-1422.
88 Jean II, de Nanton, 1423-1432
89 Louis Ier, de Melun, 1433-1474.
90 Tristan de Salazar, 1475-1519.
91 Etienne II, de Poncher, 1519-1525.
92 Antoine, cardinal du Prat, 1525-1535.
93 Louis II, de Bourbon, 1535-1557.
94 Jean III, cardinal Bertrandi, 1557-1560
95 Louis III, de Lorraine, cardinal de Guise, 1561-1562
96 Nicolas, cardinal de Pellevé, 1562-1592.
97 Renaud, cardinal de Beaune, 1594-1606.
98 Jacques Davy, cardinal du Perron, 1606-1618.
99 Jean IV, Davy du Perron. 1618-1621.
100 Octave de Bellegarde, 1623-1646
101 Louis-Henri de Goudrin, 1646-1674.
102 Jean V, de Montpezat de Carbon, 1674-1685.
103 Hardouin, Fortin de la Hoguette, 1685-1715.
104 Denis-François Bouthillier de Chavigny, 1716-1730.
105 Jean Joseph Languet de Gergy, 1730-1753
106 Paul d'Albert, cardinal de Luynes, 1753-1788.
107 Etienne-Charles de Loménie de Brienne, 1788-1793.
108 Anne-Louis-Henri, cardinal de la Fare, 1821-1829.
109 Charles-André-Toussaint-Bruno-Ramond de la Lande, 1829-1830.
110 Joseph-Marie-Victoire de Cosnac, 1830-1843.
111 Mellon Jolly, 1843-1867.
112 Victor-Félix Bernadou, 1867.

Sources à consulter :

Nova Gallia christiana, t XII.

La France Pontificale, par H. Fisquet. Métropole de Sens, 1 vol. in-8°, s. d.

Topog. ecclés. de la France, par Desnoyers, t. I. p. 117.

Valois — *Notitia Galliarum*, p. 514.

Pouillés Man. des XV° et XVI° s. — Bibl. nation. n° 5218, et Supp. franç. n° 1374.

Pouillé Manuscrit du XI° s° à la Biblioth. royale de Stockholm.

Plusieurs Pouillés imprimés dont *Le grand Pouillé des bénéfices* (1626) et celui d'Alliot (1648).

Cartes du diocèse de Sens, par Sanson, 1660, in-fol. 2 feuilles, 1703 et 1740.

Carte de Outhier, en 2 feuilles, 1741.

III. — DIOCÈSE DE CHARTRES.

Le diocèse de Chartres, qui était primitivement l'un des plus vastes de la Gaule, avait encore, avant 1697, près de cinquante lieues d'étendue du nord au midi, et près de quarante lieues de l'est à l'ouest. On le démembra, à la date que nous venons d'indiquer, pour former le diocèse de Blois.

A partir de cette époque et jusqu'en 1789, il eut pour limites, au nord les diocèses de Rouen et d'Evreux ; à l'ouest ceux de Séez et du Mans ; au sud ceux de Blois et d'Orléans ; à l'est ceux de Sens et de Paris.

Le diocèse de Chartres, divisé d'abord en 6, puis en 7 archidiaconés, comprenait 14 doyennés.

Les archidiaconés étaient : 1° L'archidiaconé de la ville et de la banlieue de Chartres, *archidiaconatus civitatis et banleucæ Carnotensis*, comprenant le haut doyenné et le sous-doyenné, *decanatus major et hypodecanatus* ; — 2° Le grand archidiaconé ou archidiaconé de Chartres, *archidiaconatus major, vel archidiaconatus Carnotensis*, comprenant 6 doyennés, le d. d'Epernon, *d. Sparnonensis*, le d. d'Auneau, *d. Alneoli*, le d. de Rochefort, *d. Rupi-Fortis*, le d. de Brou, *d. de Braioto*, le d. de Courville, *d. Curvevillæ*, le d. du Perche ou de Nogent-le-Rotrou, *d. Perticensis, al. de Nogento vel Novigento* ; — 3° L'archidiaconé de Dunois, *archidiaconatus Dunensis*, comprenant deux doyennés, celui de Chateaudun ou de Beauce, *d. Castriduni, al. Belsiæ*, et celui de Dunois au Perche, *d. de Duno in Pertico, al. d. Perticensis* ; — 4° L'archidiaconé du Pincerais ou de Poissy, *arch. Pissiacensis*, composé du d. de Poissy, *d. Pissiacensis*, et de celui de Mantes, *d. Meduntensis* ; — 5° L'archid. de Dreux, *arch. Drocensis*, comprenant les doyennés de Dreux, *d. Drocensis*, et de Brézolles, *d. de Bruroliis* ; — 6° L'archidiaconé de Blois ou du Blaisois, *arch. Blesensis*, comprenant le d. de Blois, *d. Blesensis* ; — 7° L'archid. de Vendôme, *arch. Vindocinensis*, n'ayant aussi qu'un seul doyenné, celui de Vendôme, *d. Vindocinensis*.

Les archidiaconés de Blois et de Vendôme, réunis à une partie de celui de Dunois, formèrent, au XVII° siècle, le nouvel évêché de Blois.

Voici le tableau des divisions diocésaines de l'évêché de Chartres correspondant aux circonscriptions administratives de la partie du département de Seine-et-Oise qui appartenait autrefois à ce diocèse :

DIVISIONS DIOCÉSAINES.	DIVISIONS CORRESPONDANTES.	
	PAYS ANCIENS.	CIRCONSCRIPTIONS administratives actuelles.
ARCHIDIACONATUS MAJOR, VEL CARNOTENSIS. Grand archidiaconé ou archidiaconé de Chartres. *Decanatus Sparnonensis.* Doyenné d'Epernon.	Beauce (*Belsia*).— Pays chartrain. (*Pag. Carnotensis*). Plaine de Maintenon.	Département d'EURE-ET-LOIR. Partie du département de SEINE-ET-OISE. Département de SEINE-ET-OISE. — Partie du canton de Rambouillet. Petite partie du canton de Dourdan sud. Département d'EURE-ET-LOIR. — Partie des cantons de Nogent-le-Roi, Maintenon, Auneau, Chartres.
Decanatus Ruppefortensis, alias Rupifortis. Doyenné de Rochefort.	Portion de l'Hurepoix (Isle-de-France) (*Pag. Huripensis*) et petite partie du P. de Madrie. (*Pag. Madriacensis*).	Département de SEINE-ET-OISE. — Canton de Dourdan nord. Partie du canton de Dourdan sud; partie des cantons d'Etampes et de Méréville. Départ[nt] d'EURE-ET-LOIR. — Partie des cantons d'Auneau et de Janville.
ARCHIDIACONATUS PISSIACENSIS. Archidiaconé du Pinserais, ou de Poissy. *Decanatus Pissiacensis.* Doyenné de Poissy.	Le Pincerais, partie de l'Isle-de-France (*Pag. Pinciacensis*).	Département de SEINE-ET-OISE. — Partie des cantons de Poissy, Saint-Germain, Meulan, Marly, Versailles, Mantes, Bonnières, Montfort-l'Amaury, Chevreuse, Rambouillet.
Decanatus Meduntensis. Doyenné de Mantes.	Le Mantais, partie de l'Isle-de-France. (*Pag. Meduntensis*) et petite partie du pays de Madrie (*Pag. Madriacensis*).	Département de SEINE-ET-OISE. — Partie des cantons de Mantes, Bonnières, Houdan, Montfort et Rambouillet. Département d'EURE-ET-LOIR. — Partie des cantons d'Anet et Nogent-le-Roi.

Le démembrement de 1697 ne fut pas la seule modification qu'eut à subir le diocèse de Chartres depuis sa fondation par Adventin, vers 275 jusqu'à notre époque.

Nous avons vu, en parlant de l'évêché de Versailles, que la constitution civile du clergé, en 1790, avait créé un évêché dans chaque département du territoire français. Ce premier évêché d'Eure-et-Loir n'eut point une longue durée : par le concordat du 15 juillet 1801, il disparut pour être réuni au diocèse de Versailles; mais le concordat du 11 juin 1817 le rétablit définitivement, et une bulle datée du 6 octobre 1822 en prononça de nouveau le maintien en lui donnant pour circonscription le département d'Eure-et-Loir, de telle sorte que le diocèse de Versailles renferme aujourd'hui une grande partie de ses anciennes paroisses.

Le siége de Chartres, suffragant jusqu'en 1622 de la métropole de Sens, relève, depuis cette époque, de l'archevêché de Paris.

Ce diocèse, qui ne compte plus aujourd'hui que 429 communes, renfermait encore, en 1789, 810 paroisses. Indépendamment du chapitre cathédral, il possédait, avant la Révolution, 13 églises collégiales, parmi lesquelles Mantes, Montfort-l'Amaury, et Poissy, actuellement au diocèse de Versailles.

ABBAYES.

Parmi les Abbayes que nous avons à mentionner ici, deux de ces établissements religieux avaient pris fin dès avant la rédaction de la nouvelle édition du *Gallia Christiana*. C'étaient :

1° L'Abbaye de Poissy qui existait avant l'an 1100, époque à laquelle le roi Philippe Ier ordonnait le renvoi des moines de l'église de Poissy; à ceux-ci succédèrent des chanoines réguliers et enfin des chanoines séculiers qui administrèrent l'église jusqu'à la Révolution.

2° L'Abbaye de Mantes. Elle est mentionnée dans un titre de 1138, et fut ensuite, comme celle de Poissy, dirigée par des chanoines séculiers.

ABBAYES D'HOMMES.

NEAUPHLE-LE-VIEUX OU L'AIVIEUX.— Abbaye de l'ordre de Saint-Benoît, fondée, dit-on, avant la fin du xe siècle ; elle reconnaissait pour supérieurs les chanoines de l'Eglise de Chartres ; elle était placée sous l'invocation de Saint Pierre ; quand arriva la Révolution, elle n'était plus habitée que par le prieur et le préchantre.

CLAIREFONTAINE. — Fondée en 1100 par le comte Simon de Montfort sous l'invocation de la Vierge, dans la forêt d'Yveline entre Montfort et Dourdan. — Elle appartenait à l'ordre de Saint-Augustin ; après avoir été administrée, de 1627 à 1636 par des chanoines, elle fut rendue aux Augustins déchaussés qui la possédèrent jusqu'à la Révolution.

ABBECOURT OU AUBECOURT. — Petite abbaye de l'ordre des Prémontrés, située sur le territoire de la commune actuelle d'Orgeval, canton de Poissy.— Fondée en 1180 par Gascon, seigneur de Poissy. — L'église, qui renfermait plusieurs tombes remarquables de personnes appartenant à la même famille et à celle des Montmorency, a été démolie après la Révolution. La maison abbatiale et d'autres parties du monastère subsistent encore.

GRANCHAMP, (canton de Houdan), de l'ordre des Prémontrés, fondée en 1214 par Simon de Montfort, comte de Narbonne, en souvenir de sa victoire sur les Albigeois. Ce monastère, détruit en 1586 par les calvinistes, fut rétabli quelque temps après, mais l'incurie des abbés commendataires amena sa destruction complète.

JOYENVAL, (commune de Chambourcy, canton de Saint-Germain-en-Laye). — Barthélemy de Roye, chambrier de France, jeta, en 1221, les fondements du monastère qu'il donna aux religieux de l'ordre des Prémontrés. Cette abbaye portait pour armoiries les armes de France en souvenir des priviléges que lui avait accordés le roi Philippe-Auguste. L'église renfermait les tombeaux des fondateurs et de plusieurs personnages considérables. La manse abbatiale fut, en 1697, réunie à l'évêché de Chartres.

ABBAYES DE FEMMES.

Saint-Cyr au Val de Galie, près Versailles.— Abbaye de l'ordre de Saint-Benoît, fondée suivant la commune opinion, par Robert III, évêque de Chartres, de 1155 à 1164. Les rois de France et plusieurs familles opulentes accordèrent de grands biens à ce monastère qui doit être distingué de la maison que Louis XIV fit construire à Saint-Cyr; — celle-ci, inaugurée en 1686, devint une communauté moitié laïque, moitié religieuse, et enfin un monastère régulier en 1694. — L'abbaye de l'observance de saint Benoît subsista jusqu'à la Révolution.

Saint-Remi-des-Landes, (aujourd'hui écart de la commune de Sonchamp, canton de Dourdan). — Abbaye de l'ordre de Saint-Benoît, fondée en 1160 par Robert III, évêque de Chartres. Les Bénédictins nous ont conservé le texte de la charte de fondation. — N. du Portal, nommée par le roi en 1771, fut la dernière abbesse de Saint-Remi-des-Landes.

Saint-Corentin, à Septeuil, près Mantes. — Philippe-Auguste fut le fondateur de cette Abbaye en 1201; c'était auparavant un prieuré soumis à l'abbaye de Saint-Cyr. Agnès de Méranie, femme de Philippe-Auguste, y était inhumée. Les religieuses observaient la règle de Saint-Benoît. — Le monastère subsista jusqu'à la Révolution.

COUVENTS.

Monastère de l'Ouye, aux Granges-le-Roi, (canton de Dourdan Sud). — *Houdan*, communauté de femmes. — *Mantes*, couvent de Cordeliers; couvent d'Ursulines. — *Montfort-l'Amaury*, couvent de Capucins; communauté de femmes. — *Noisy au Val de Galie*, couvent de Cordeliers. — *Poissy*, couvents de Capucins, de Dominicains, d'Ursulines.—*Saint-Rémy-l'Honoré*, communauté de femmes dite *les Hautes-Brières*.

PRIEURÉS.

Abbecourt (Saint-Gilles à). — Ablis. — Allainville (pri. de Groslieu, à).

Bazoches. — Bazainville — Bonnelles. — Bouafle. — Bréval (pri. du Hamel, à).

Châlo-Saint-Mars (pri. Saint-Hilaire, à). — Chauffour.

Davron. — Dourdan.

Feucherolles (pri. de Sainte-Gemme, à). — Flacourt. — Freneuse (pri. du Val-Guyon, à).

Gassicourt. — Goussonville. — Granges-le-Roy (les). — Guerville (pri. Saint-Germain, à).

Herbeville. — Houdan.

Jumeauville (le Coudray).

Maisons-sur-Seine.— Mantes (pri. Saint-Julien, à). — Médan. — Mesnil-le-Roi (Carrières-sous-Bois, à). — Meulan (pri. Saint-Nicaise, de). — Montchauvet. — Montfort-l'Amaury.— Montigny-le Bretonneux. — Neauphle-le-Château. — Neauphlette (pri. de Saint-Blaise, à).

Plaisir. — Poissy (pri. royal de Saint-Louis, à).— Prunay-sous-Ablis (pri. de Villiers, à).

Roinville. — Rosny.

Saint-Arnoult. — Saint-Chéron (pri. de Saint Evroult, près). — Saint-Cyr-sous-Dourdan. — Saint-Léger-en-Laye (pri. d'Hannemont, à). — Saint-Martin de Brettencourt. — Sainte-Mesme (pri. Saint-Vincent-des-Bois, à). — Septeuil. — Sousy-aux-Bœufs (près Versailles).

Val-Saint-Germain (pri. de Bouville, au).

MALADRERIES.

Ablis. — Dourdan. — Garancières. — Houdan. — Mantes. — Poissy. — Rochefort. — Verneuil-sur-Seine.

MAISONS DU TEMPLE OU DE MALTE.

COMMANDERIES. — Châlou-Mouligneux, ou Châlou-la-Reine. — La Ville-Dieu, près Élancourt. — Prunay-le-Temple.

MAISONS-DU-TEMPLE. — Chauffour. — La Roche-Liphard, près Saint-Cyr-sous-Dourdan.

L'Évêché de Chartres portait pour armoiries : *Tiercé en fasce d'or, de sable et de vair.*

LISTE DES ÉVÊQUES DU DIOCÈSE DE CHARTRES.

Depuis l'établissement du christianisme jusqu'à nos jours, on compte 118 évêques de Chartres, dix sont honorés comme saints, deux ont été revêtus de la pourpre romaine.

1 Adventin Ier, vers 275-300.
2 Optat, vers 300.
3 Valentinien, vers 385-390.
4 St-Martin-le-Blanc, vers 395-400.
5 St-Aignan, vers 400-403.
6 Sévère.
7 Castor.
8 Africanus.
9 Possessor.
10 Polychrone, 416-439.
11 Villicus, 439-450.
12 Pallade, 450-458.
13 Arbogaste, 458-470.
14 Flavius Ier, 470-483.
15 St-Solenne, 483-509.
16 Adventin II, 509-528.
17 Ethère, 528-543.
18 St-Lubin, 544-556.
19 St-Chaletric, 556-570.
20 Papoul, 571-594.
21 St-Béthaire, 594-623.
22 Bertégisile, 623-637.
23 St-Malard, 637 654.
24 Gausbert, 564-566.
25 Lantésigile, 666-674.
26 Dieudonné, 674-678.
27 Promo ou Dronius, 678-680.
28 Berthégraune, 680-685.
29 Agirard ou Airard, 687-696.
30 Agathée, 696-698.
31 Léodebert, 698-708.
32 Haynius, 708-716.
33 Magnobode ou Magnobert, 716-729.
34 Sigebaud ou Sigoald, 729-741.
35 Mainulfe, 741-752.
36 Thibaud Ier, 752-762.
37 Hadon ou Eudes, 762-773.
38 Flavius II, 773-788.
39 Godesauld, 788-807.
40 Bernoin, 807-836.
41 Helie, 837-849.
42 Aitard ou Actard, 849-853.
43 Burchard, 853-855.
44 Frotbolde, 855-858.
45 Gislebert, 859-879
46 Aimon, 879-887.
47 Gérard, 887-888.
48 Aimeric Ier, 888-896.
49 Gantelme ou Gousseaume, 896-926.
50 Aganon, 926-941.
51 Rainfroy, 941-955.
52 Hardouin, 955-962.
53 Vulfade ou Vulphar, 962-967.
54 Odon ou Eudes, 967-1004.
55 Raoul, 1004-1007.
56 Fulbert, 1007-1029.
57 Thierry, 1029-1048.
58 Agobert ou Adevert, 1048-1060

59 Hildegaire (?), 1060-1063.

60 Robert Ier, 1063-1067.

61 Airalde, 1069-1075.

62 Robert II, de Grandménil, 1075-1077.

63 Geoffroy Ier, de Boulogne, 1077-1090.

64 Yves, 1090-1115.

65 Geoffroy II, de Lèves, 1116-1149.

66 Gosselin de Lèves, 1149-1155.

67 Robert III, 1155-1164.

68 Guillaume Ier, de Champagne, 1164-1176.

69 Jean Ier, Petit, de Salisbury, 1176-1180.

70 Pierre Ier, de Celle, 1181-1182.

71 Renaud de Bar de Monçon, 1182-1217.

72 Gautier, 1219-1234.

73 Hugues de la Ferté, 1234-1236.

74 Aubry Cornut, 1236-1243.

75 Henry de Grez, 1243-1246.

76 Matthieu Deschamps, 1246-1259.

77 Pierre II, de Mincy, 1260-1276.

78 Simon Ier, de Perruche, 1277-1297.

79 Jean II, de Garlande, 1298-1315.

80 Robert IV, de Joigny, 1315-1326.

81 Pierre III, de Chappes, 1326-1327.

82 Jean III, du Plessis-Pasté, 1327-1332.

83 Aimeric II, de Châlus, 1332-1342.

84 Guillaume II, Lamy, 1342-1349.

85 Louis Ier, de Vaucemain, 1349-1356.

86 Simon II, Le Maire, 1357-1360.

87 Jean IV, d'Angerant, 1360-1368.

88 Guillaume III, de Chanac, 1368-1369.

89 Guérin d'Arcey ou d'Arcy, 1370-1376.

90 Ebles du Puy, 1376-1380.

91 Jean V, Lefèbvre, 1380-1390.

92 Jean VI, de Montaigu, 1390-1406.

93 Martin Gouge de Charpaignes, 1406-1415.

94 Philippe Ier, de Boisgiloud, 1415-1418.

95 Jourdain, cardinal Orsini, 1418-1419.

96 Jean VII, de Frétigny, 1419-1432.

97 Robert V, dauphin d'Auvergne, 1432-1434.

98 Thibaud II, Lemoine, 1434-1441.

99 Pierre IV, de Treignac de Comborn, 1441-1443.

100 Pierre V, Bèchebien, 1443-1459.

101 Milon d'Illiers, 1459-1493.

102 René d'Illiers, 1492-1507.

103 Evrard de la Marck, 1507-1525.

104 Louis II, Guillard d'Espichellère, 1525-1553.

105 Charles Guillard, 1553-1573.

106 Nicolas de Thou, 1573-1598.

107 Philippe Hurault de Cheverny, 1598-1620.

108 Léonor d'Etampes de Valençay, 1620-1641.

109 Jacques Lescot, 1643-1656.

110 Ferdinand de Neuville de Villeroy, 1657-1690.

111 Paul Godet des Marais, 1690-1709.

112 Charles François des Moutiers de Mérinville, 1709-1746.

113 Pierre Augustin Bernardin de Rosset de Fleury, 1746-1780.

114 Jean-Baptiste Joseph de Lubersac, 1780-1801.

115 Nicolas Bonnet, *évêque constitutionnel*, 1791-1793.

116 Jean-Baptiste Marie Anne Antoine de Latil, 1817-1824.

117 Claude Hyppolite Clausel de Montals, 1824-1853.

118 Louis Eugène Regnault, 1853.

Sources à consulter :

Nova Gallia christiana, t. XII.

France Pontificale, par H. Fisquet. Diocèse de Chartres, 1 vol. in-8°.

Desnoyers. *Topog. ecclés.* de la France, t. I, p. 121.

Pouillés Man. — Bibl. nat. — Man. latins, n°s 5199 et 5218.

Pouillés imp. — 1648, in-4° — 1738, in-8°.

Cartulaire de S. Père de Chartres, publié par M. Guérard. Au t. I, p. 297 à 344, pouillé du XIIIe s. dit *le livre blanc*, de Chartres.

Rouillard. — *Parthénie* ou Histoire de l'Eglise de Chartres, 1609.

Guil. Doyen. — *Hist. de la ville de Chartres*, du Pays chartrain et de la Beauce. 1786.

Chevard. — *Hist. de Chartres* et du Pays chartrain, 1802.

Ozeray. — *Histoire générale*, civile et religieuse de la cité des Carnutes, 1834-1837.

Carte du diocèse de Chartres, par Sanson; 1660, 2 feuil. ; 1701 (édit Jaillot) ; 1741.

IV. — DIOCÈSE D'ÉVREUX.

On regarde généralement saint Taurin comme le 1er évêque et le fondateur de l'évêché d'Evreux, vers le commencement du Ve siècle.

Ce diocèse, d'une superficie moins considérable que ceux dont nous avons parlé jusqu'ici, s'étendait avant la Révolution sur le pays d'Evreux ou Evrechin, le pays d'Ouche, une partie du Roumois et du pays de Madrie.

Il avait pour bornes au nord le diocèse de Rouen; à l'ouest celui de Lisieux; au sud, ceux de Séez et de Chartres; à l'est ceux de Chartres et de Rouen.

Avant 1789, le diocèse d'Evreux renfermait 550 paroisses et 6 annexes, et formait trois archidiaconés, savoir : 1° l'archid. d'Evreux, *archid. Ebroicensis*, comprenant les doyennés d'Evreux, *decan. Ebroicensis;* de Vernon, *de Vernone;* de Pacy-sur-Eure, *de Paceyo;* d'Ivry-la-Bataille, de *Ybreyo;* et de la Croix-Saint-Leufroy, *d. de Cruce S. Leufredi;* — 2° archidiac. de Neubourg, *arch. de Novo-burgo*, composé des doyennés de Neubourg, *dec. de Novo-burgo* et de Louviers, *de Loveriis;* — 3e de l'archidiac. d'Ouche, *arch. de Occa*, comprenant les doyennés de Conches, *dec. de Conchis;* de Verneuil, *de Vernolio;* de l'Aigle. *de Aquila;* de Lire, *de Lira;* et de Ouche. *de Occa.*

Voici l'indication de celles de ces divisions qui présentent quelque intérêt relativement au diocèse actuel de Versailles.

DIVISIONS DIOCÉSAINES.	DIVISIONS CORRESPONDANTES	
	PAYS ANCIENS.	CIRCONSCRIPTIONS administratives actuelles.
ARCHIDIACONATUS EBROÏCENSIS. Archidiaconé d'Evreux.	Evrechin (*Pagus Ebroicensis*).	Département de l'EURE.— Arrondissement d'Evreux. — Petite partie du département de SEINE-ET-OISE.
Decanatus de Vernone. Doyenné de Vernon.	Pays de Champagne.	Département de l'EURE.— Canton de Vernon.
	Petite partie du pays de Madrie (*Pagus Madriacensis*)	Département de SEINE-ET-OISE. — 2 communes du canton de Bonnières.
Decanatus de Paceyo. Doyenné de Pacy-sur-Eure.		Département de l'EURE. — Canton de Pacy.
		Département de SEINE-ET-OISE. — 2 communes du canton de Bonnières.
Decanatus de Ybreyo. Doyenné d'Ivry-la-Bataille.		Département de l'EURE. — Canton de St-André.

On voit que 4 communes seulement du département actuel de Seine-et-Oise appartenaient autrefois à l'évêché d'Evreux : ce sont celles de Blaru, Port-Villez, Cravent et Saint-Illiers-le-Bois, faisant toutes quatre partie du canton de Bonnières.

Le diocèse d'Evreux renfermait autrefois 8 abbayes d'hommes, 3 abbayes de femmes et plusieurs prieurés ; mais aucun de ces établissements religieux n'appartenait à l'une des 4 paroisses que nous venons de mentionner.

Depuis saint Taurin, dont nous avons déjà parlé, jusqu'à ce jour, 92 évêques ont occupé le siége d'Evreux ; en voici la liste :

1 S. Taurin, vers 380.
2 S. Gaud, vers 460.
3 Maurusius, vers 480-512.
4 Licinius, 538-549.
5 Ferrocinctus, 557.
6 Viator.
7 S. Landulf.
8 Déodat.
9 Ragnericus, vers 648.
10 Concessus, vers 658-666.
11 S. Æternus ou Ætherius.
12 S. Aquilin, vers 675-700.
13 Didier.
14 Etienne.
15 Maurin, 765.
16 Gerbold, vers 780.
17 Ouen.
18 Joseph, vers 840.
19 Goubert, vers 847-862.
20 Hilduin, vers 864-869.
21 Sébar, vers 870-895.
22 Cerdegaire, vers 909.
23 Hugues 1er.
24 Guichard, vers 950-970.
25 Gérard, vers 970-1006.
26 Guilbert 1er, 1012.
27 Hugues II, vers 1015-1040.
28 Guillaume 1er, vers 1045-1066.
29 Baudouin, 1066-1070.
30 Guilbert II, 1071-1112.
31 Audin ou Ouen, 1113-1139.
32 Rotrou de Beaumont-le-Roger, ou de Warwich, 1139-1165.
33 Gilles 1er, du Perche, 1170-1179.
34 Jean 1er, 1181-1192.
35 Garin de Cierrey, 1193-1201.
36 Robert 1er, de Roye, 1201-1203.
37 Luc, 1203-1220.
38 Raoul 1er, de Cierrey, 1220-1223.
39 Richard de Bellevue, ou de St-Léger, 1223-1236.
40 Raoul II, de Cierrey, 1236-1243.
41 Jean II, de la Cour-d'Aubergenville, 1244-1256.
42 Raoul III, Grosparmi, 1259-1262.
43 Raoul IV, de Chevry, 1263-1269.
44 Philippe Ier, de Chaource, 1270-1281.
45 Nicolas d'Auteuil, 1281-1298.
46 Geoffroy 1er, de Bar, 1298-1299.
47 Matthieu des Essarts, 1299-1310.
48 Geoffroy II, du Plessis, 1311-1327.
49 Jean III, du Prat, 1329-1333.
50 Guillaume II, des Essarts, 1333-1334.
51 Vincent des Essarts, 1334-1335.
52 Geoffroy III, Faé, 1335-1340.
53 Robert II, de Brucourt, 1340-1374.
54 Guillaume III, d'Estouteville, 1374-1375.
55 Bernard Cariti, 1376-1383.
56 Philippe II, de Moulins, 1383-1388.
57 Guillaume IV, de Vallan, 1388-1400.
58 Guillaume V, de Cantiers, 1400-1418.
59 Paul Capranica, 1420-1427.
60 Martial Formier, 1427-1439.
61 Pasquier de Vaux, 1439-1443.
62 Pierre Ier, de Comborn, 1443-1463.
63 Guillaume VI, de Flocques, 1464.
64 Jean IV, Balue, 1465-1467.
65 Pierre II, Turpin, 1470-1473.
66 Jean V, Héberge, 1474-1479.
67 Raoul V, du Fou, 1479-1510.
68 Ambroise Le Veneur-de-Tillières, 1511-1531.
69 Gabriel Le Veneur-de-Tillières, 1532-1574.
70 Claude de Sainctes, 1575-1591.
71 Jacques Ier, Davy, card. du Perron, 1591-1606.
72 Guillaume VII, de Péricard, 1608-1613.
73 François Ier, de Péricard, 1613-1646.
74 Jacques II, Le Noel du-Perron, 1646-1649.
75 Gilles II, Boutaut, 1649-1661.
76 Joseph Zongo Ondedei, 1661.
77 Henri Cauchon de Maurepas du Tour, 1661-1680.
78 Louis-Joseph de Grignan, 1680 (il ne prit pas possession).
79 Jacques III, Potier de Novion, 1681-1709.
80 De Heudicourt, 1709.

81 Jean VI, Lenormand, 1710-1733.
82 Pierre-Jules-César de Rochechouart-Montigny, 1733-1753.
83 Arthur-Richard de Dillon, 1753-1758.
84 Louis Albert de Lezé-Marnésia, 1759-1773.
85 François II, de Narbonne-Lara, 1773-1790.
86 Robert-Thomas Lindet, (*évêque constitutionnel*) 1791-1793.
87 Jean-Baptiste Bourlier, 1802-1821.
88 Charles-Louis-Salmon Duchatellier, 1822-1841.
89 Nicolas-Théodore Olivier, 1841-1854.
90 Henri-Marie-Gaston de Bonnechose, 1854-1858.
91 Jean-Sébastien-Adolphe Devoucoux, 1858-1870.
92 François Grolleau, 1870.

Sources à consulter :

Nova Gallia christiana, t. XI.

La France Pontificale, par H. Fisquet ; diocèse d'Evreux, 1 vol. in-8°, s. d.

Desnoyers. — *Topog. ecclés.* de la France, t. I, p. 48.

Registrum visitationis d'Eudes Rigaud (XIIIe s.) édit. Bonnin, 1847, in-4°.

Plusieurs *Pouillés Man.* — Bibl. nat. Man. lat. n°s 5218, 9481.

Plusieurs *Pouillés Man.* dans les Archives départementales de Rouen et d'Evreux.

Grand Pouillé des bénéfices, imp. 1626, in-8°. — Pouillé publié par Alliot. 1648.

Notices et mémoires de Aug. Le Prévost, sur le dép. de l'Eure, etc. : publiés par L. Delisle et L. Passy, 1859-1872.

Il existe trois *Cartes* du diocèse d'Evreux sur lesquelles sont indiquées les divisions ecclésiastiques. La meilleure est celle de Duval, en une feuille (1654) ; — celle de Blaeu (1667), comprend aussi l'indication des doyennés.

V. — DIOCÈSE DE ROUEN.

Le christianisme fut apporté à Rouen, vers le milieu du IIIe siècle, par saint Mellon. Rouen, métropole, avait pour suffragants Bayeux, Avranches, Evreux, Séez, Lisieux et Coutances.

Ce vaste diocèse avait pour limites au nord le diocèse d'Amiens et la Manche ; à l'ouest les diocèses de Lisieux et d'Evreux ; au sud ceux d'Evreux et de Chartres ; à l'est ceux de Paris, de Beauvais et d'Amiens.

Il comprenait 6 archidiaconés, renfermant ensemble 27, puis 29, puis 30 et enfin 31 doyennés, dont voici l'indication :

1° Grand archidiaconé, *archidiacon. major*, formé des doyennés suivants : Doy. de la chrétienté de Rouen, *dec. christianitatis Rotomagensis;* d. de Bourg-Théroulde, *d. de Burgo-Thoroldi;* d. de Pont-Audemer, *d. de Ponte-Audomari;* d. de Ry, *de Rivo;* d. de Cailly, *de Calleio;* d. de Périers, *de Piris;* d. de Saint-Georges et Saint-Wandrille, *d. Sancti-Georgii et Sancti-Vuandregisilii;* d. de Pavilly, *d. de Pavelliaco.* — 2° Archidiaconé d'Eu, *archid. Augi*, comprenant les doyennés de Longueville, *de Longavilla;* d'Eu, *Augi;* d'Envermeu, *de Euvremodio;* de Foucarmont, *de Fulcardi-monte ;* d'Aumale, *Albemallis;* de Neuf-Châtel, *Novi-Castri;* de Bures, *de Buris.* — 3° Archidiaconé du Grand-Caux, *archid. Majoris Caleti*, composé des doyennés de Gomerville et Saint-Romain de Colbosc, *d. de Gomervilla, vel Sancti-Romani de Colbosc ;* d. de Fauville, d. *de Fovilla ;* de Valmont, *de Walemont ;* du Hâvre-de-Grâce, *Portus-Graciæ;* et des Loges. — 4° Archidiaconé du Petit-Caux, *archid. Minoris Caleti*, divisé en doyennés de Cauville, *de Cauvilla;* de Basqueville, *de Basquevilla;* de Brachi, *de Bracheio.* — 5° Archidiaconé du Véxin normand, *archid. Wulcassini Normanniæ*, comprenant les doyennés de Port-Mort, de Tourny, puis de Vaudemont, *d. de*

Porto-Mortuo, postea de Tornaco vel de Validomonte; d. de Gamaches, puis de Vesly, puis des Andelys, *d. de Gamachiis, seu de Veliaco*, d. de Gisors, *d. de Gisorcii*; d. de Bray (Argueil-en-Bray), *d. de Braio, vel de Argolio*. — 6° Archidiaconé du Véxin français (dit Archid. de France au XIVe s.), *archid. Wulcassini Franciæ*, embrassant les doyennés de Meulan, *dec. de Mellento*, de Magny, *de Magniaco*; de Chaumont, *de Calvo-Monte*; de Pontoise, *de Pontisara*.

Nous indiquons dans le tableau suivant, les divisions administratives actuelles correspondantes aux circonscriptions des divisions diocésaines de ce dernier archidiaconé dont la plus grande partie est actuellement renfermée dans l'étendue du diocèse de Versailles.

DIVISIONS DIOCÉSAINES.	DIVISIONS CORRESPONDANTES	
	PAYS ANCIENS.	CIRCONSCRIPTIONS administratives actuelles.
ARCHIDIACONATUS WULCASSINI FRANCIÆ. Archidiaconé du Véxin Français.	Véxin Français (*Pagus Wulcassinus* ou *Wilcassinus Franciæ*.	
Decanatus de Mellento. Doyenné de Meulan.		Département de SEINE-ET-OISE. — Partie du canton de Meulan, du canton de Poissy, des cantons de Marines, de l'Isle-Adam, de Pontoise. Département de l'OISE. — Petite partie du canton de Chaumont-en-Véxin.
Decanatus de Magniaco. Doyenné de Magny.		Département de SEINE-ET-OISE. — Canton de Magny ; partie des cantons de Marines, de Bonnières, de Meulan. Département de l'OISE. — Partie du canton de Chaumont.
Decanatus de Calvomonte. Doyenné de Chaumont.		Département de SEINE-ET-OISE. — Petite partie du canton de Marines. Département de l'OISE. — Partie du canton de Chaumont.
Decanatus de Pontisara. Doyenné de Pontoise.		Département de SEINE-ET-OISE. — Canton de Pontoise ; petite partie du canton de l'Isle-Adam.

En 1790, l'archevêché de Rouen comprenait 1388 paroisses ; on y comptait 13 collégiales parmi lesquelles celle de Pontoise appartenant à notre circonscription actuelle.

Les abbayes étaient nombreuses dans ce diocèse : il y existait encore à la Révolution 20 abbayes d'hommes et 8 de femmes; les prieurés à nomination royale étaient au nombre de 17, dont 12 d'hommes et 5 de filles.

Voici la nomenclature de ceux de ces établissements religieux situés dans les limites du département de Seine-et-Oise.

ABBAYES.

Les abbayes étaient au nombre de trois, toutes situées à Pontoise ou aux environs de cette ville.

SAINT-MELLON, établie à Pontoise, vers 899, époque à laquelle fut transféré en cette ville le corps de saint Mellon, archevêque de Rouen. Cette abbaye figure, avec Notre-Dame d'Étampes, Notre Dame de Corbeil, Notre-Dame de Mantes, Notre-Dame de Poissy, etc., parmi les abbayes séculières et les églises que les rois ont fondées ou acquises après leur fondation. — Aux abbés séculiers succédèrent des doyens placés à la tête d'un chapitre dont les chanoines étaient au nombre de huit à l'époque de la Révolution. Pontoise était sous la dépendance spirituelle de ce chapitre, ainsi que les cinq villages suburbains d'Ennery, Génicourt, Livilliers, Puiseux et Osny.

SAINT-MARTIN DE PONTOISE. (Hom. — Ord. de Saint-Benoît.) — Cette Abbaye, qui existait vers 1050, fut confirmée par le roi Philippe Ier, par une charte datée de 1069, dont les Bénédictins ont reproduit le texte. A cette époque, saint Gautier, natif d'Andainville, dans le Vimeu, fut choisi pour diriger le monastère. L'abbé Guillaume de Mello fit élever, vers 1146, à son vénérable prédécesseur, un monument funéraire qui est parvenu jusqu'à nous; il est aujourd'hui en la chapelle du château de Saint-Martin de Pontoise. On conserve également la crosse ou bâton pastoral en ivoire de ce saint abbé; elle a été dessinée et décrite dans l'un des volumes de la *Revue Archéologique.*

L'abbaye de Saint-Martin fut en partie détruite au XVe siècle, pendant les guerres contre les Anglais. Pierre Boucher, qui était abbé vers cette époque, réussit à relever le monastère de ses ruines. Les Bénédictins de Saint-Maur y introduisirent la réforme en 1635.

Après avoir été réunie pendant très-peu d'années au prieuré de Meulan, l'abbaye de Saint Martin recouvra, vers 1770, son autonomie ; mais le 13 juillet 1788 un orage épouvantable en détruisit tous les bâtiments, de sorte qu'il resta peu à faire, pour l'anéantir, aux démolisseurs de 1793. Il ne subsiste plus rien aujourd'hui de ce royal monastère qui comptait, depuis sa fondation, 32 abbés réguliers et 16 abbés commendataires.

Cette riche abbaye était l'une des plus remarquables de celles appartenant à l'ordre des Bénédictins. Les différentes parties de ses bâtiments rivalisaient de beauté et d'étendue. La bibliothèque était d'une richesse exceptionnelle ; mais l'église l'emportait sur tout le reste, et ce sanctuaire était considéré comme le plus magnifique de tout le Vexin français. Plusieurs parties de cet édifice dataient encore de la 1re construction au XIe siècle.

LA GRACE-DIEU. (Femmes. — Ord. de Saint-Benoît). — Un monastère de Religieuses bénédictines anglaises, fondé en 1599, à Bruxelles, créa en 1624 une maison à Gand, laquelle en établit une 3e à Boulogne-sur-Mer, en 1652.— Obligées de quitter cette ville à la suite de difficultés avec l'autorité épiscopale, les religieuses de Boulogne, après un court séjour à Paris, obtinrent la permission de se fixer à Pontoise, et le roi approuva la nouvelle communauté au mois de juillet 1658. C'est vers cette époque que ces religieuses érigèrent la petite chapelle de leur monastère. Elles furent supprimées en 1790.

COUVENTS.

Les Célestins, à Limay. — Les Cordeliers, à Magny. — Les PP. de l'Oratoire, à Marines. — Les Jésuites à Pontoise ; Ursulines et Carmélites, à Pontoise.

PRIEURÉS.

Auvers-sur-Oise (Saint-Martin, à). — Boissy-l'Aillery (pri. St-Léger (O.-B), à). — Chaussy (pri. de Villarceaux, fem. (O.-C.), près de). — Evecquemont. — Jambville. — Magny. — Pontoise (pri. Saint-Pierre, à). — La Roche-Guyon (pri. Saint-Nicaise, dépendant de Gagny, Eure). — Sailly (pri. de Montcient, près). — Saint-Clair-sur-Epte. — Saint-Martin-la-Garenne (Ord. Bénéd.). — Seraincourt (pri. de Gaillonnet, à). — Triel (pri. Sainte-Blaise, à). — Valmondois (pri. de Saint-Quentin, à). — Vigny (pri. de la Chapelle, près le Bourd'heau de).

MALADRERIES.

Arthies. — Bray-Lû (à Bray). — Chars. — Cormeilles-en-Véxin. — Génicourt. — Magny. — Pontoise. — Vétheuil.

COMMANDERIES DU TEMPLE OU DE L'ORDRE DE MALTE.

Ambleville, (la command. de Vaumion, *Vallemeion*, près).
Omerville, (la command. de Louvières, *Lupperiæ*, près).

Les archevêques de Rouen prenaient le titre de Primats de Normandie ou de Neustrie, en signe d'indépendance de ce siége métropolitain qui relevait immédiatement du Saint-Siége. Au xviie siècle, la dignité archiépiscopale fut encore augmentée par l'adjonction aux dix évêchés suffragants que nous avons déjà indiqués, de l'évêché de Québec, en Amérique.

Le décret du 12 juillet 1790 sur la Constitution civile du clergé, désigna Rouen comme la métropole des Côtes de la Manche. Son arrondissement comprit les évêchés des départements de la Seine-Inférieure, du Calvados, de la Manche, de l'Orne, de l'Eure, de l'Oise, de la Somme et du Pas-de-Calais. Le Concordat de 1801 conserva l'archevêché de Rouen et lui assigna pour suffragants les évêchés de Bayeux, Evreux, Séez et Coutances. Cette organisation fut maintenue par le Concordat du 11 juin 1817.

Voici la liste des Archevêques qui ont occupé le siége de Rouen depuis Saint-Nicaise, vers 280, jusqu'à notre époque.

1 St-Nicaise, vers 280.
2 St-Mellon, vers 310.
3 Avitien, 314.
4 Sévère.
5 Eusèbe, 346.
6 Marcellin.
7 Pierre 1er.
8 St-Victrice, vers 382-406
9 Innocent.
10 St-Yred.
11 Sylvestre.
12 Malson.
13 Germain, 461.
14 Crescent.
15 St-Godard, 511.
16 Flavius, 533-541.
17 St-Prétextat, vers 550-588.
18 Mélantius, vers 589-601.
19 Hidulphe, vers 610.
20 St-Romain, vers 630.
21 St-Ouen, 640-683.
22 St-Ansbert, 684-693 ou 695.
23 Griffon, 696.
24 Roland, vers 713.
25 St-Hugues 1er, vers 722-730.
26 Ratbert.
27 Grimon, 743-745.
28 Ragenfred, 745-754.
29 St-Remi, 755-772.
30 Mainard, 772-800.
31 Willebert ou Gilbert, 823
32 Ragnoard, 828-836.
33 Goubaud. 838-848.
34 Paul, 849-855.
35 Wenilon, 855-871.
36 Adelard, 871-873.
37 Riculf, vers 874.
38 Jean 1er, vers 875-890.
39 Witon, vers 892-910.
40 Francon, vers 910-919.
41 Gonthard, 919-942.
42 Hugues II, 942-989.
43 Robert Ier, de Normandie, 989-1037.
44 Mauger, de Normandie, 1037-1055.
45 St-Maurille, 1055-1067.
46 Jean II, de Bayeux, 1069-1078.
47 Guillaume Ier, Bonne-âme, 1079-1111.
48 Geoffroi, 1111-1128.
49 Hugues III, d'Amiens, 1129-1164
50 Rotrou de Beaumont-le-Roger, ou de Warwich, 1164-1183.
51 Gauthier de Coutances, 1184-1207.
52 Robert II, Poulain, ou Le Bobe, 1208-1221.
53 Thibaud d'Amiens, 1222-1229.
54 Maurice, 1231-1235.
55 Pierre II, de Colmieu, 1236-1244.
56 Eudes Ier, Clément, 1245 1247.
57 Eudes II, Rigaud, 1248-1275.
58 Guillaume II, de Flavacourt. 1278-1306.
59 Bernard de Farges, 1306-1311.
60 Gilles Aycelin de Montaigu. 1311-1318.
61 Guillaume III, de Durfort, 1319-1330.
62 Pierre III, Roger, 1330-1338.
63 Aimeri Guenaud, 1339-1343.
64 Nicolas Ier, Roger. 1343-1347.
65 Jean III, de Marigny, 1347-1351.
66 Pierre IV, de la Forêt, 1352-1356.
67 Guillaume IV, de Flavacourt, 1356-1359.
68 Philippe d'Alençon, 1359-1374.
69 Pierre V de la Jugie de la Moutre, 1375.
70 Guillaume V, de l'Estrange, 1376-1389.
71 Guillaume VI, de Vienne, 1389-1407.
72 Louis d'Harcourt, 1409-1422.
73 Jean IV, cardinal de la Rochetaillée, 1423-1429.
74 Hugues IV, d'Orges, 1431-1436.
75 Louis II, cardinal de Luxembourg, 1436-1442.
76 Raoul Roussel. 1444-1452.
77 Guillaume VII, cardinal d'Estouville, 1453-1483.
78 Robert III, de Croismare, 1483-1493.
79 Georges Ier, cardinal d'Amboise, 1494-1510.

80 Georges II, cardinal d'Amboise, 1511-1550.
81 Charles Ier, cardinal de Bourbon-Vendôme, 1550-1590.
82 Charles II, cardinal de Bourbon-Vendôme, 1590-1594.
83 Charles III, de Bourbon, 1594-1604.
84 François Ier, cardinal de Joyeuse, 1605-1615.
85 François II, de Harlay, 1615-1651.
86 François III, de Harlay, 1651-1671.
87 François IV, Rouxel de Médavy, 1671-1691.
88 Jacques-Nicolas Colbert, 1691-1707.
89 Claude-Maur d'Aubigné, 1707-1719.
90 Armand Bazin de Bezons, 1719-1721.
91 Louis III, de Lavergne de Tressan, 1723-1733.
92 Nicolas II, cardinal de Saulx-Tavannes, 1733-1759.
93 Dominique, cardinal de la Rochefoucauld, 1759-1790.
94 Louis Charrier de la Roche (*Archevêque constitutionnel*), 1791 1792.
95 N. Gratien (*id.*), 1792-1793.
96 Jean-Claude Leblanc de Beaulieu, 1800-1802.
97 Etienne Hubert, cardinal de Cambacérès, 1802-1818.
98 Pierre-François de Bernis, 1819-1823.
99 Gustave-Maximilien Just, cardinal-prince de Croï, 1823-1844.
100 Louis-Marie-Edmond Blanquart de Bailleul, 1844-1856.
101 Henri-Marie-Gaston de Bonnechose, cardinal, 20 février 1858.

Sources à consulter :

Nova Gallia christiana, t. XI.
La France Pontificale, par H. Fisquet. Métropole de Rouen.
Desnoyers. — *Topog. ecclés. de la France*, t. I, p. 37.
D. Duplessis. — *Descript. géog. et hist. de la Normandie*, 1740, 2 vol.
A. Le Prévost. — *Mémoires et notes* pour servir à l'histoire du dép. de l'Eure, etc., publ. par L. Delisle et L. Passy. 3 vol. in-8°, 1869-1872.
Registrum visitationis d'Eudes Rigaud (xiii° s.) édit. Bonnin, 1847, in-4°.
Polypticum. diœc. Rotom. Man. — Bibl. nat. Mss. lat. supp. n° 718.
Pouillé Man. du xv° s., de R. Roussel. Bibl. nat. Mss. n° 5197.
— Man. du xvi° s. Bibl. nat. n°s 5199, 5218, 9481.
— Man. du xvii° s. — Bibl. nat. — Fonds St Germ. n° 879.
Grand pouillé des bénéfices, imp. — 1626, in-8°.
Pouillé général d'Alliot, imp. — 1648, in-4°.
Nouv. pouillé des bénéf. du dioc. de Rouen, imp. 1738, in-4°.

Carte du diocèse de Rouen, en 6 feuilles, par l'ingénieur Frémont, de Dieppe, Paris, 1715. — C'est la carte du diocèse de Rouen la meilleure et la plus complète.

VI. — DIOCÈSE DE BEAUVAIS.

Le diocèse de Beauvais reconnaît pour son fondateur sain Lucien, martyrisé vers l'an 290, avec ses 2 compagnons, Maximien et Julien.

Ce diocèse confinait, au nord à ceux d'Amiens et de Noyon, à l'est à ceux de Soissons et de Senlis, au midi à ceux de Senlis, de Paris et de Rouen, et à ce dernier encore à l'Ouest.

Il comprenait 3 archidiaconés et 10 doyennés, savoir :

1° Le grand archidiaconé ou archidiaconé de Beauvais, autrefois archidiaconé de Clermont, *arch. Major seu de Bellovaco, olim de Claromonte*, composé des doyennés ruraux de Beaumont, *Bellimontis;* de Mouchy, *Monceii;* et de Clermont, *Clarimontis*. — 2° L'archid. de Bray, *arch. Braiensis*, comprenant les doyennés de Beauvais et de sa banlieue, *dec. Bellovaci et suburbiorum;* de Bray, *Braiensis;* et de Montagne, *de Montana, vel Montium*. — 3° L'archid. du Beauvoisis, *arch. Bellovacensis*, autrefois de Breteuil, *olim Bretoliensis*, formé des 4 doyennés de Pont-Sainte-Maxence, *Pontis ad S. Maxentiam;* de Coudun, *Colduni;* de Ressons, *Rossonti;* et de Breteuil, *Britolii*.

La partie du département de Seine-et-Oise qui appartenait au diocèse de Beauvais, était comprise dans le doyenné de Beaumont qui dépendait lui-même du grand archidiaconé ou archid. de Clermont.

Voici le tableau des circonscriptions actuelles comparées aux divisions diocésaines anciennes :

DIVISIONS DIOCÉSAINES.	DIVISIONS CORRESPONDANTES	
	PAYS ANCIENS.	CIRCONSCRIPTIONS administratives actuelles.
ARCHIDIACONATUS DE CLAROMONTE. Archidiaconé de Clermont.	Extrémité sud du Beauvoisis. (*P. Belvacensis*).	Partie méridionale du département de l'Oise.
Decanatus de Claromonte. Doyenné de Clermont.		Département de l'Oise.
Decanatus de Bellomonte. Doyenné de Beaumont-sur-Oise.	Le Chambliois (*P. Cameliacensis*).	Département de SEINE-ET-OISE. — Partie des cantons de l'Isle-Adam, Luzarches, Ecouen et Marines. Département de l'OISE. — Partie des cantons de Creil, Neuilly-en-Thelle et Méru.

L'ancien diocèse de Beauvais comptait 16 collégiales, 400 paroisses et 15 abbayes, dont une seule était située dans le territoire qui fait l'objet de nos recherches.

C'était l'ABBAYE DE ROYAUMONT, *Regalis mons*, d'abord appelée *Cuymont*, abbaye d'hommes soumise à la règle Cistercienne, fondée par le saint roi Louis IX, en mémoire et pour obéir à l'une des dernières volontés de son père Louis VIII. L'église fut consacrée en 1235 sous le vocable de Sainte-Croix, en présence de Saint-Louis et des grands du royaume. Ce monarque et ses successeurs firent de grandes libéralités à l'abbaye. Son père et plusieurs de ses enfants y furent inhumés. Leurs tombeaux en cuivre gravé et émaillé figurent aujourd'hui dans l'église et les caveaux de Saint-Denys.

Il existe encore quelques restes intéressants de l'église et des diverses parties du monastère, qui eut cependant, comme tous les autres établissements de même nature, beaucoup à souffrir pendant la Révolution.

Ce qui reste de l'abbaye est situé sur le territoire de la commune d'Asnières.

PRIEURÉS.

Beaumont (pri. Saint-Léonard, (O. Aug.) à). — Hédouville, pri. de la Laye, à). — Isle-Adam; (O. Aug.) — Maffliers. — Ronquerolles (O. B.).

MALADRERIES.

Beaumont. — L'Isle-Adam. — Viarmes.

MAISONS DU TEMPLE.

Asnières, (Baillon, *de Bolinis*, près). — Bernes. — Frouville, (*Messelen*, près). — Jouy-le-Comte.

LISTE DES ÉVÊQUES DE BEAUVAIS.

Les évêques de Beauvais portaient le titre de comtes de Beauvais et châtelains de Gerberoy; ils comptaient parmi les 12 pairs de France, siégeant les 1er des pairs ecclésiastiques et jouissaient du droit de porter le manteau royal lors du couronnement du Roi.

Supprimé par le Concordat de 1801, le siége de Beauvais fut rétabli par celui de 1817; — depuis saint Lucien jusqu'à nos jours, il a été occupé par 95 prélats dont voici les noms :

1 St-Lucien, vers 290.
2 Thalaise.
3 Victor.
4 Chanaon, ou Chanarus.
5 Numidius.
6 Licerius.
7 Themerus.
8 Bertesigil.
9 Rodemar.
10 Ansold.
11 Rigobert.
12 Gogerin.
13 Anselin ou Anselme Ier.
14 Dodon, vers 620.
15 Maurin ou Marin, 640.
16 Himbert.
17 Clément, vers 660.
18 Constantin, vers 692.
19 Radingus.
20 Erchembert.
21 Rocoaldus.
22 Mérold.
23 Austringus.
24 Dieudonné, vers 745.
25 André.
26 Audingus, ou Hodingus.

27 Adalman, vers 799
28 Ragimbert, 814.
29 Hildeman, 821-846
30 Hermenfredus, 846-86?
31 Eudes Ier 860-881.
32 Honoré, vers 884-905.
33 Herluin, vers 907-921
34 Bovon, 922.
35 Hildegaire ou Hildricus, 933-972.
36 Waleran.
37 Hervée, vers 985-998
38 Hugues, 998.
39 Roger Ier, de Blois, 998-1022.
40 Garin, 1022-1030.
41 Drogon, vers 1034-1058.
42 Guilbert ou Goisbert, vers 1060-1063.
43 Gui 1063-1085.
44 Ursion, 1085-1089.
45 Foulque de Dammartin. 1089-1095.
46 Roger II, 1095-1096.
47 Anselme II ou Anseau, 1096-1099.
48 Geoffroi Ier, 1104-1113.
49 Pierre Ier, de Dammartin. 1114-1133.
50 Eudes II, 1133-1144.
51 Eudes III, 1144-1148.
52 Henri de France, 1149-1162.
53 Barthélemy de Montcornet, 1162-1175.
54 Philippe Ier, de Dreux. 1175-1217.
55 Milon Ier, de Châtillon-Nanteuil, 1217-1234.
56 Geoffroi II, de Clermont-Nesle, 1234-1236.
57 Robert de Cressonsart, 1237-1248.
58 Guillaume Ier, de Grez, 1249-1267.
59 Renaud de Nanteuil, 1268-1283.
60 Thibaud de Nanteuil, 1283-1300.
61 Simon de Clermont-Nesle, 1300-1312.
62 Jean Ier de Marigny, 1313-1347.
63 Guillaume II Bertrand, 1347-1356.
64 Philippe II d'Alençon, 1357-1359.
65 Jean II, de Dormans. 1360-1368,
66 Jean III d'Augerant, 1368-1375.
67 Milon II, de Dormans, 1376-1387.
68 Guillaume III de Vienne, 1387-1389.
69 Thomas d'Estouteville, 1389-1395.
70 Louis Ier d'Orléans, 1395 1397
71 Pierre II, de Savoisi, 1398-1412.
72 Bernard de Chevenon, 1413-1420
73 Pierre III, Cauchon, 1420-1431.
74 Jean IV, Jouvenel des Ursins, 1432-1444.
75 Guillaume IV, de Hollande, 1444-1461.
76 Jean V, de Bar, 1472-1487.
77 Louis II, de Villiers de l'Isle Adam, 1487-1521.
78 Antoine Lascaris de Tende, 1523-1530
79 Charles Ier, de Villiers de l'Isle-Adam, 1530-1535.
80 Eudes IV, cardinal de Châtillon-Coligny, 1535-1563.
81 Charles II, card. de Bourbon, 1572-1575.
82 Nicolas Ier, Fumée, 1575-1592.
83 René Potier de Blanc-Mesnil, 1595-1616.
84 Augustin Potier de Blanc-Mesnil, 1616-1650.
85 Nicolas II, Choart de Buzenval, 1651-1679.
86 Toussaint, card. de Forbin-Janson, 1679-1713.
87 François Honoré de Beauvillier de St-Aignan, 1713-1728.
88 Etienne René Potier, card. de Gêvres, 1728-1771.
89 François Joseph de la Rochefoucauld-Bayers, 1772-1790.
90 Jean Baptiste Massieu, *évêque constitutionnel*, 1791-1793.
91 Claude Louis de Lesquen, 1818-1824.
92 François-Jean Hyacinthe Feutrier, 1825-1830.
93 Jean-Louis-Simon Le Mercier, 1833 1837.
94 Pierre-Marie Cottret, 1837-1841.
95 Joseph-Armand Gignoux, 29 mars 1842.

Sources à consulter :

Nova Gallia christiana, t. IX.

DESNOYERS. — *Topog. ecclés.* de la France. (Annuaire Soc. hist. de France pour 1862.)

Pouillé général d'ALLIOT, 1648 in-4°.

LOUVET. *Hist. et antiq. du pays de Beauvoisis*, 1630, 2 vol. in-8°.

Pouillés Man. — Bibl. nat. — n°s 5218, 9364, anc fonds Latin ; — collect. Fontette, t. XVII A ; — n° 879 fonds Saint-Germain.

Pouillés Man. — Bibl. Mazar., n° 2874.

L'abbé DELETTRE. — *Hist. du dioc. de Beauvais*, 1842.

DOUET D'ARCQ. — *Recherches sur les anc. comtes de Beaumont*, avec une carte

---

Carte de la BELGICA SECUNDA, de SANSON, 1661, in-fol.

Carte des évêchés de Beauvais et de Senlis. par le même. 1657.

Carte du diocèse de Beauvais, dressée sur les mémoires de M. Le Scellier, par GUILL. DE L'ISLE, Paris, 1710, 1 f. in-plano, avec plan de Beauvais dans le coin à gauche.

Carte histor. et ecclés. de la Picardie par M. P. ROGER, 1 f 1843.

Carte pour servir à la lecture de l'*Introduction à l'hist. de la Picardie*. de D. GRENIER. par A. DUTILLEUX, 1867 (inédite).

VII. — DIOCÈSE DE SENLIS.

Nous arrivons au dernier des 7 diocèses qui ont concouru à la formation du diocèse de Versailles.

Le diocèse de Senlis, fondé à la fin du IIIe siècle ou au commencement du IVe, avait pour bornes au nord et à l'ouest le dioc. de Beauvais ; au sud ceux de Paris et de Meaux ; à l'est celui de Soissons.

Antérieurement au XVIIIe siècle, il comprenait un archidiaconé, celui de Senlis, et deux doyennés, le doy. rural de Senlis et le doy. de Crespy. Ce n'est que dans la seconde moitié du XVIIIe siècle qu'on voit le nombre des doyennés considérablement augmenté et porté jusqu'à huit. En voici la liste, d'après la « Topographie ecclésiastique » de M. Desnoyers.

Archidiaconé du diocèse, *archid. Silvanectensis ecclesiæ*, comprenant les doyennés de Senlis, *dec. Christianitatis Silvanectensis ;* de Baron-la-Montagne, *de Berrone-in-Montana ;* de Morte-Fontaine, *de Mortuo-Fonte ;* de Bully, *de Bulliaco ;* de Chantilly, *de Cantiliaco ;* de Crespy, *de Crispiaco, vel de Crispeio ;* de Fresnoy-le-Luat, *de Fresnello ;* de Séry, *de Seriaco.*

Ce diocèse, le plus petit de la seconde Belgique et l'un des moins importants de France, n'avait pas plus de 7 à 8 lieues de l'est à l'ouest, sur 6 de largeur, et à peine 23 lieues de circuit. Il ne comptait, au XVIIe siècle, que 77 paroisses, 5 collégiales, 4 abbayes, 9 prieurés et 19 maladreries.

Une seule commune du département actuel de Seine-et-Oise, celle de Survilliers, faisait autrefois partie du diocèse de Senlis. C'était une paroisse, mais elle ne renfermait aucun établissement religieux. Elle dépendait, croyons-nous, du doyenné de Morte-Fontaine.

Voici le tableau de la division ancienne et moderne du pays dans lequel elle était située :

DIVISIONS DIOCÉSAINES.	DIVISIONS CORRESPONDANTES	
	PAYS ANCIENS.	CIRCONSCRIPTIONS administratives actuelles.
Archidiaconatus Silvanectensis. Archidiaconé de Senlis.	Petite partie du Valois. (*P. Valesiensis*), et du Senlissois, ou Servois. (*P. Silvanectensis*)	Partie S.-E. du département de l'Oise.
Decanatus de Mortuo-Fonte Doy. de Mortefontaine.		1 Commune du département de Seine-et-Oise, canton de Luzarches

Le diocèse de Senlis fut supprimé par l'acte du 21 juillet 1790, et ne fut pas rétabli depuis. Son titre est joint aujourd'hui à celui de l'évêché de Beauvais.

Depuis sa fondation jusqu'à l'époque où il prit fin, le siége de Senlis fut occupé par 101 prélats dont voici les noms :

1 St-Rieul, vers 300.
2 Nicenus.
3 Mansuetus.
4 Venustus.
5 Tacitus.
6 Jocundus.
7 Protatus.
8 Modeste.
9 St-Levange, 511.
10 Passivus, 513-519.
11 Nonnulus, 519-547.
12 Hodierne, 549-567.
13 St-Léthard, vers 5576.
14 St-Saintin.
15 Manulf, 584.
16 St-Agmar, vers 625-649.
17 St-Audebert, vers 650-685.
18 Erambert, 767.
19 Vulfrid.
20 Amalsinde ou Antalfrid.
21 Béthelme.
22 Idoine.
23 Adalbert.
24 Renaud.
25 Ermin, 814.
26 Godefroi, vers 829-838.
27 Herpuin, vers 840-871.
28 Hildebert ou Audebert, 871-897.
29 Otfrid, vers 899-909.
30 Adelelmus, vers 923-936.
31 Bernuin, 937.
32 Goubert.
33 Ives Ier, vers 948.
34 Constance, vers 972.
35 Eudes Ier, vers 989-994.
36 Robert Ier, vers 998-1008.
37 Rodolphe Ier, vers 1015-1020.
38 Gui Ier, vers 1021-1027.
39 Rodolphe II, 1029.
40 Gui II, vers 1030-1042.
41 Frolland Ier, 1043-1053.
42 Gui III, 1058.

43 Frolland II, 1059-1067.
44 Eudes II, 1068-1070.
45 Roland, 1072-1075.
46 Ingelard, 1075-1076.
47 Ives II, 1077-1079.
48 Ursion, vers 1082-1093.
49 Hugues, 1094-1095.
50 Létald, 1095-1099.
51 Hubert, 1099-1115.
52 Clarembauld, 1115-1134.
53 Pierre Ier, 1134-1151.
54 Thibaud, 1151-1155.
55 Amaury, 1156-1167.
56 Henri, 1168-1185.
57 Geoffroi, 1185-1213.
58 Garin ou Guérin, 1214-1227
59 Adam Ier, de Chambli, 1227-1258.
60 Robert II, de la Houssaye, 1259-1260.
61 Robert III, de Cressonsart, 1260-1283.
62 Gautier de Chambli de Neuilli, vers 1285-1289.
63 Pierre II, Cailleu ou Chaillou, vers 1291-1294.
64 Gui IV, de Plailli, 1294-1308.
65 Guillaume Ier, de Berrone, 1309-1313
66 Pierre III, Barrière, 1313-1334.
67 Waast de Villiers, 1335-1337.
68 Etienne de Villiers, 1337 1339,
69 Robert IV, de Plailli, 1339-1344.
70 Pierre IV, de Cros, 1345-1349.
71 Denis Ier, Legrand. 1350-1351.
72 Pierre V, de Traigni, 1351-1356.
73 Adam II, de Nemours, 1356-1378.
74 Martin, vers 1378.
75 Pierre VI, de Prouverville, 1379-1380.
76 Jean Ier, Dodieu, 1380-1409.
77 Pierre VII, Plaoul, 1409-1415.
78 Jean II d'Acheri, 1415 1418.
79 Pierre VIII, de Chissel, 1418-1422.
80 Jean III, Fouquerel, 1423-1429,
81 Guillaume II, de Hottot, 1433-1434.
82 Jean IV, Raphanel, 1435-1447.
83 Simon Bonnet, 1448-1496.
84 Jean V, Neveu, 1496-1499.
85 Charles de Blanchefort, 1499-1515.
86 Jean VI, Caluau, 1516-1522.
87 Arthur Fillon, 1522-1526.
88 Oudard Hennequin, 1526-1527
89 Guillaume III, Petit, 1527-1536.
90 René le Roullié, 1537-1559.
91 Crespin de Brichanteau, 1560.
92 Louis Guillart, 1560.
93 Pierre IX, Chevalier, 1561-1583.
94 Guillaume IV, Rose, 1584-1602.
95 Antoine Rose, 1602-1610.
96 François, cardinal de la Rochefoucauld, 1610-1622.
97 Nicolas Sanguin, 1623-1651.
98 Denis II, Sanguin, 1652-1702.
99 Jean-François de Chamillart, 1702-1714.
100 François-Firmin Trudaine, 1714-1754.
101 Jean-Armand de Bessuejouls de Roquelaure, 1754-1790.

Sources à consulter :

Nova Gallia christiana, t. X.

DESNOYERS — *Topog. ecclés.* de la France, dans Annuaire de l'hist. de France pour 1862.

Pouillé général d'Alliot, bénéfices dépendant de l'évêché de Senlis, 1648. in-4°.

Pouillé Man. de la Bibl. nat. — Man franç. n° 9364.
Etat des bénéfices, de D. BEAUNIER. t. II.
Statuta synodalia diœc. sylvanectensis, a Fr card. de la Rochefoucauld publicata, 1620.
Hist. du duché de Valois. par CARLIER. 3 vol in-4°. 1764.

Carte des éveschés de Beauvais et Senlis, par SANSON, 1657 in-fol. — id. 667 et 1741.
Carte topog. du dioc de Senlis, levée sur les lieux par M. PARENT, curé d'Aumont, assujettie aux observations. etc. par GUILL. DE L'ISLE .. Paris 1709-1745-1769. (Avec les plans de Senlis et de Crepy, l'indication des voies romaines, etc)
Carte du duché de Valois. publ. par CARLIER, dans le t. I de son *Hist. du duché de Valois*, 1764.

TABLEAU

DES COMMUNES DU DÉPARTEMENT DE SEINE-ET-OISE

DANS L'ORDRE

des anciennes circonscriptions ecclésiastiques.

TABLEAU DES COMMUNES DU DÉPARTEMENT DE SEINE-ET-OISE

Distribuées dans l'ordre des anciennes divisions ecclésiastiques, avec la synonymie latine [1] et l'indication des Abbayes, Couvents, Prieurés, Maladreries et Maisons du Temple ou de Malte.

[1] La plus grande partie des noms latins a été empruntée au *Dictionnaire des noms anciens des communes de Seine-et-Oise*, publié par M. Cocheris dans l'Annuaire pour 1871.

I. — DIOCÈSE DE PARIS.

(*Ecclesia Parisiensis*).

PAROISSES — NOMS LATINS.	PAROISSES — NOMS FRANÇAIS.	Arrondissements.	CANTONS.
	I. — ARCHIDIACONÉ DE PARIS.		
	I. — Doyenné de Montmorency.		
Morenciagi Curtis.	Montmorency [1].	P	Montmorency.
Andeliacum.	Andilly.	P	Id.
Andresiacum.	Andresy.	V	Poissy.
Aqua Bona.	Eaubonne.	P	Montmorency.
Argentoialum.	Argenteuil. [2]	V	Argenteuil.
Attini villa.	Attainville.	P	Ecouen.
Balliacum.	Baillet [3].	P	Id.
Bedolitum in Francia.	Belloy-en-France.	P	Luzarches.
Belfus Mons.	Bouffemont. [4]	P	Ecouen.
Bellus Fons.	Bellefontaine.	P	Luzarches.
Bethemons.	Bethemont.	P	Montmorency.
Bezcen Curia.	Bessancourt.	P	Id.
Bigargium.	Garges.	P	Gonesse.
Bisunciæ.	Besons.	V	Argenteuil.
Bocunvallis.	Bouqueval.	P	Ecouen.
Bonogilum in Francia.	Bonneuil [5].	P	Gonesse.
Calidus Montellus.	Chaumontel.	P	Luzarches.
Calvariacum.	Chauvry.	P	Montmorency.
Canaberiæ in Francia.	Chennevières.	P	Luzarches.
Carreriæ.	Carrières-St-Denys.	V	Argenteuil.
Castanetum in Francia.	Chatenay-en-France.	P	Ecouen.
Catonacum.	Chatou.	V	St-Germain-en-L.

[1] Abb. St-Martin. H. (S. A). — Mal. — Maison du Temple. ≡ [2] Abb. *Beatæ Mariæ*. F. (O. B.) puis Pri. H — Mal. — *Le Mail*, maison du Temple ≡ [3] Mal. ≡ [4] Pri. *Boscus Sancti-Petri*. ≡ [5] Appartint tantôt au doy. de Chelles, tantôt à celui de Montmorency

PAROISSES.		Arrondissements	CANTONS.
NOMS LATINS.	NOMS FRANÇAIS.		
Centum nuces.	Sannois.	V	Argenteuil.
Confluentii Stæ-Honorinæ	Conflans-Ste-Honorine [1]	V	Poissy.
Corneliæ.	Corneil-en-Parisis.	V	Argenteuil.
Cruciacum.	Croissy.	V	St-Germain.
Diogilum.	Deuil [2].	P	Montmorency.
Dolomons.	Daumont [3].	P	Ecouen.
Episcopium.	Piscop.	P	Id.
Erbleium.	Herblay.	V	Argenteuil.
Erigniacum.	Eragny.	P	Pontoise.
Esenvilla.	Ezanville.	P	Ecouen.
Fontanidum ad Luparas.	Fontenay-lès-Louvres [4]	P	Id.
Fossæ.	Fosses.	P	Luzarches.
Franconis Villa.	Franconville [5].	P	Montmorency.
Frepelio.	Frépillon.	P	Id.
Freta.	Frette (la).	P	Argenteuil
Gaunissa.	Gonesse [6].	P	Gonesse.
Groolaium.	Groslay.	P	Montmorency.
Gunsanovilla.	Goussainville.	P	Gonesse.
Hermontium.	Ermont [7]	P	Montmorency.
Houillæ.	Houilles.	P	Argenteuil.
Iticinascoa, p. Escouium.	Ecouen.	P	Ecouen.
Johenniacum.	Jagny [8].	V	Luzarches.
Joiacum Monasterium.	Jouy-le-Moustier [9].	V	Pontoise.
Laciacum.	Lassy.	P	Luzarches.
Lusarcca.	Luzarches [10].	P	Id.
Luvera.	Louvres [11].	P	Id.
Margenciacum.	Margency.	P	Montmorency.
Marlacum.	Merly-la-Ville [12].	P	Luzarches.
Marolium in Francia.	Mareil-en-France.	P	Ecouen.
Mauricuria.	Maurecourt.	P	Poissy.
Meriacum.	Mery.	V	L'Isle-Adam.
Meriellum.	Mériel [13].	P	Id.
Mesnillum Alberici.	Mesnil-Aubry (le).	P	Ecouen.
Moisellæ.	Moisselles.	P	Id.
Molignum.	Montlignon.	P	Montmorency.
Mons Cereris.	Monsoult.	P	Ecouen.

[1] Pri. ═ [2] Pri. ═ [3] Pri. ═ [4] Maison du Temple. ═ [5] Mal. ═ [6] Mal. — Maison du Temple. ═ [7] Maison du Temple à Cernay, *Sarnayum*. ═ [8] Pri. ═ [9] Abb. de Glatigny H (?). ═ [10] Hérivaux, *Herivallis*. Abb. H. (O. A.) — Saint-Nicolas. Pri. — Mal. ═ [11] Mal. ═ [12] Pri. ═ [13] Abb. du Val, *Vallis Sanctæ Mariæ*. H. (O. C).

PAROISSES		Arrondissements.	CANTONS.
NOMS LATINS.	NOMS FRANÇAIS.		
Mons Magniacus.	Montmagny.	P	Montmorency.
Mons Tessonis.	Montesson.	V	Argenteuil.
Montiniacum.	Montigny.	V	Id.
Petra Lata.	Pierrelaye.	P	Pontoise.
Plesseyacum Juxta Lusarchias.	Plessis-Luzarches (le).	P	Luzarches.
Plesseyum Gassonis.	Plessis-Gassot (le).	P	Ecouen.
Plexitium Buccardi.	Plessis-Bouchard (le).	P	Montmorency.
Puteoli in Francia.	Puiseux [1]	P	Pontoise.
Russiacum.	Roissy-en-France [2].	P	Gonesse.
S. Audoenus ad Eleemosynas.	Saint-Ouen-l'Aumône [3].	P	Pontoise.
S. Bricius.	Saint-Brice [4].	P	Ecouen.
S. Gratianus.	Saint-Gratien.	P	Montmorency.
S. Lupus de Taberniaco.	Saint-Leu-Taverny [5]	P	Id.
Satorvilla.	Sartrouville	V	Argenteuil.
Sercella.	Sarcelles [6].	P	Ecouen.
Sosiacum in Francia.	Soisy-sous-Enghien.	P	Montmorency.
Spicriæ.	Epiais.	P	Luzarches.
Spinolium in Francia.	Epinay-en-France	P	Id.
Tabernacus.	Taverny [7].	P	Montmorency.
Tilliacum.	Tillay (le).	P	Gonesse.
Turnus.	Saint-Prix [8].	P	Montmorency.
Vallis Dellandi.	Vauderland.	P	Gonesse.
Vallis Regia.	Vauréal.	P	Pontoise.
Vemartium.	Vémars.	P	Luzarches.
Vilero.	Villeron.	P	Luzarches.
Villa Ermain.	Arnouville.	P	Gonesse.
Villanæ.	Villaines-en-France.	P	Ecouen.
Villare Adami.	Villiers-Adam.	P	L'Isle-Adam.
Villare Bellum.	Villiers-le-Bel [9].	P	Ecouen.
Villaris Siccus.	Villiers-le-Sec.	P	Id.

II. — Doyenné de Chelles.

Alnetum.	Aunay-lès-Bondy [10].	P	Gonesse.
Bonogilum in Francia.	Bonneuil-en-France.	P	Id.
Ciperente.	Sevran.	P	Id
Clipiacum in Alneto.	Clichy-en-l'Aunois [11].	P	Id.

[1] Commanderie du Temple. = [2] Pri. — Mal. = [3] Maubuisson, *Malodunum*, Abb F. (O. C.) = [4] Mal = [5] Pri. — Mal. = [6] Maison du Temple. = [7] Pri. = [8] Pri. — *Rupellæ*, Maison du Temple = [9] Mal. = [10] Pri. = [11] Command, du Temple.

PAROISSES — NOMS LATINS.	PAROISSES — NOMS FRANÇAIS.	Arrondissements	CANTONS.
Curtis Breonis.	Coubron.	P	Gonesse.
Gauiacum.	Gagny [1].	P	Id.
Liberiacum.	Livry-en-l'Aunois [2].	P	Id.
Mansionile Blaun.	Blanc-Mesnil.	P	Id.
Mons Fermcolus.	Montfermeil.	P	Id.
Nobiliacum ad Matron.	Neuilly-sur-Marne.	P	Id.
Nona Villa.	Nonneville [3].	P	Id.
Trembleyum.	Tremblay (le).	P	Id.
Vallis Jocosa	Vaujours.	P	Id.
Villapicta.	Villepinte.	P	Id.

II. — ARCHIDIACONÉ DE JOSAS.

I. — Doyenné de Châteaufort.

NOMS LATINS	NOMS FRANÇAIS	Arr.	CANTONS
Castrumforte.	Châteaufort [4].	V	Palaiseau.
Alnetum Curtonis.	Courson.	R	Limours.
Alpicum.	Le Pecq.	V	St-Germain.
Baudechisilovalle.	Bougival.	V	Marly.
Bevria.	Bièvres [5].	V	Palaiseau.
Breteschia, p. S. Nummius.	Saint-Nom-la-Bretêche.	V	Marly.
Brocariæ.	Bruyères-le-Châtel [6].	C	Arpajon.
Buccum.	Buc.	V	Versailles (sud).
Buriæ.	Bures.	V	Palaiseau.
Caprosia.	Chevreuse [7].	C	Chevreuse.
Casellum.	Choisel.	R	Id.
Cati Villa.	Chaville.	R	Sèvres.
Cella Æquilina.	Celle (la).	R	Dourdan (nord).
Domna Petra.	Dampierre.	R	Chevreuse.
Fontanetum ad Brias.	Fontenay-sous-Forges [8].	R	Limours.
Forgiæ.	Forges [9].	R	Id.
Garziachus.	Garches.	V	Sèvres.
Gaugiacum.	Jouy-en-Josas.	V	Versailles (sud).
Geneveriæ.	Janvry.	R	Limours.
Giffum.	Gif [10].	V	Palaiseau.
Gomethiacum.	Gometz-le-Châteaux [11].	R	Limours.

1 Pri. = 2 Abb. H. (O A.) = 3 Commune d'Aulnay-lès-Bondy. = 4 Pri. — Mal. = 5 Mal = 6 Monastere de femmes. — Pri. Saint-Didier. = 7 Pri. Saint-Saturnin. — Mal. = 8 Mal = 9 Pri. Notre-Dame. = 10 Abb. Femm. (O. B.) — Mal. = 11 Pri. Saint-Clair.

PAROISSES		Arrondissements.	CANTONS.
NOMS LATINS.	NOMS FRANÇAIS.		
Gomed Villa.	Gometz-la-Ville.	R	Limours.
Guidonis Curia.	Guyancourt.	V	Versailles (ouest).
Igniacum in Josayo.	Igny.	V	Palaiseau.
Lacus.	Lays (les) [1].	R	Rambouillet.
Lemausum.	Limours [2].	R	Limours.
Lida, p. S. Germanus.	St-Germain-en-Laye [3].	V	St-Germain-en-L.
Logiæ.	Loges (les) [4].	V	Versailles (sud).
Maciacum.	Massy.	C	Longjumeau.
Magniacum.	Magny-les-Hameaux [5].	R	Chevreuse.
Marcocinctum.	Marcoussis [6].	R	Limours.
Marleium.	Marly-le-Roi [7].	V	Marly.
Marna.	Marnes.	V	Sèvres.
Marolium ad Alpicum.	Mareil-au-Pecq	V	St-Germain.
Media curia.	Maincourt.	R	Chevreuse.
Mellonis Capella.	Milon-la-Chapelle.	R	Id.
Meodum (Metiosedum)?	Meudon.	V	Sèvres.
Mesnile S. Dyonisii.	Mesnil-Saint-Denis.	R	Chevreuse.
Moleriæ.	Molières (les).	R	Limours
Monasteriolum.	Montreuil [8].	V	Versailles.
Mons Falconis.	Louveciennes.	V	Marly-le-Roi.
Mons Lupicinus.	St-Jean-de-Beauregard [9]	R	Limours.
Noereiz.	Nosay.	V	Palaiseau.
Novigentum, p. S. Clodoaldus.	Saint-Cloud.	V	Sèvres.
Ofleni Villa.	Viroflay.	V	Versailles (nord).
Orceacum.	Orsay [10].	V	Palaiseau.
Palatiolum.	Palaiseau [11].	V	Id.
Piscosæ.	Pecqueuse.	R	Limours.
Pladanum.	Champlan.	V	Longjumeau.
Quercetum.	Le Chesnay.	V	Versailles (ouest).
Ranæ Molendinum.	Reine-Moulin.	V	Marly.
Roccon Curtis.	Rocquencourt.	V	Versailles (ouest).
Rotolavilla, p. Riogilum	Rueil [12].	V	Marly.
Rupes Levis.	Lévy [13].	R	Chevreuse.
Salices.	Saulx-lès-Chartreux [14].	C	Longjumeau.
S. Albinus.	Saint-Aubin [15].	V	Palaiseau.
S. Ferreolus.	Saint-Forget.	R	Chevreuse.

[1] Ham. des Essarts-le-Roi. = [2] Pri. = [3] Pri. = [4] Maison du Temple. = [5] Abb. de Port-Royal, Femm. (O. C.) = [6] Couvent des Célestins. — Pri. — Le Deluge. Command du Temple. = [7] Pri. = [8] Commune de Versailles. = [9] Pri. (O. B.) = [10] Pri Saint-Martin. = [11] Pri = [12] Mal. = [13] Abb. N.-D. de la Roche. Hom. (O. A.) — Abb. de l'Yvette. Hom. (O. B.) = [14] Pri. Notre-Dame. = [15] Maison du Temple.

PAROISSES		Arrondissements.	CANTONS.
NOMS LATINS.	NOMS FRANÇAIS.		
S. Lambertus.	Saint-Lambert [1].	R	Chevreuse.
S. Remigius.	Saint-Remy [2].	R	Id.
Sarcleyum.	Saclay [3].	V	Palaiseau.
Sarnetum.	Cernay-la-Ville [4].	R	Chevreuse
Separa.	Sèvres.	V	Sèvres.
Sindeliciæ.	Senlisse.	R	Chevreuse.
Stagnum Villæ.	L'Etang-la-Ville.	V	Marly.
Summum Bragium.	Bris-sous-Forges [5].	R	Limours.
Sylva de Arsitio.	Bois-d'Arcy.	V	Versailles (ouest).
Torsus.	Toussu.	V	Palaiseau.
Troci.	Troux (les) [6]	R	Limours.
Uncinæ, p. Velisiarum.	Velisy.	V	Versailles (sud).
Vallis Crisonis.	Vaucresson.	V	Sèvres.
Vallis Grinosa.	Vaugrigneuse.	R	Limours
Vallis Hellandi.	Vauhallan.	V	Palaiseau.
Vedrariæ.	Verrières.	V	Palaiseau.
Verraria.	Verrière (La).	R	Chevreuse.
Versaliæ.	Versailles [7].	V	Versailles.
Vicinæ.	Voisins-le-Bretonneux.	R	Chevreuse.
Villa Bona.	Villebon.	V	Palaiseau.
Villa Bosci.	Ville-du-Bois (la).	V	Id
Villa Davren.	Ville-d'Avray.	V	Sèvres.
Villa Justa.	Villejust.	V	Palaiseau.
Villa Pirosa.	Villepreux [8].	V	Marly.
Villare Baculi.	Villiers-le-Bâcle.	V	Palaiseau.
Villare, p. Cella ad S.-Clodoaldum.	Celle-Saint-Cloud (la).	V	Marly.

II. — Doyenné de Montlhéry.

Aetricus Mons.	Montlhéry [9].	C	Arpajon.
Ablun.	Ablon.	C	Longjumeau.
Atheiæ.	Athis [10].	C	Id.
Aurengiacum.	Orangis [11].	C	Corbeil.
Avriacum.	Evry.	C	Id.

[1] La Brosse, Commanderie du Temple. = [2] Pri. Saint-Paul. = [3] Maison du Temple. = [4] Abb. des Vaux de Cernay. H. (O. C.) = [5] Pri. = [6] Le Boulay, Maison du Temple. = [7] Pri. = [8] Pri. — Mal. = [9] Abb. puis Pri. Saint-Pierre. — Mal. = [10] Maison du Temple. = [11] Pri.

PAROISSES		Arrondissements	CANTONS.
NOMS LATINS.	NOMS FRANÇAIS.		
Ballani Villare.	Balainvilliers.	C	Longjumeau.
Britiniacum.	Brétigny.	C	Arpajon.
Bunduflum.	Bondoufle.	C	Corbeil.
Butnæ, p. Chamarantc.	Chamarande, ant. Bonnes.	E	La Ferté-Alais.
Buxiacum.	Boissy-sous-Saint-Yon.	R	Dourdan (nord).
Calliacum.	Chilly [1].	C	Longjumeau.
Castra, p. Arpajon.	Arpajon, puis Châtres [2].	C	Arpajon.
Catani villa.	Cheptainville.	C	Id.
Corbolium.	Corbeil [3].	C	Corbeil.
Corscorona.	Courcouronne [4]	C	Id.
Egliacum.	Egly	C	Arpajon.
Evrini Villa.	Avrainville.	C	Arpajon.
Exona.	Essonne [5].	C	Corbeil.
Faveriæ, p. S. Sulpitius de Faveriis.	St-Sulpice-de-Favières.	R	Dourdan (nord).
Floriacum Merogis.	Fleury-Mérogis.	C	Longjumeau.
Fontanedum Vicecomitis.	Fontenay-le-Vicomte.	C	Corbeil.
Gevesiacum.	Juvisy [6].	C	Longjumeau.
Grigniacum.	Grigny.	C	Longjumeau.
Guidonis Villa.	Guibeville.	C	Arpajon.
Larziacum.	Lardy.	E	La Ferté-Alais.
Liciæ.	Lisses [7].	C	Corbeil.
Linaias.	Linas [8].	C	Arpajon.
Loancium.	Morangis.	C	Longjumeau.
Longus Pons.	Champvilliers ou Longpont [9].	C	Id.
Ludedis Vicus.	Leudeville.	C	Arpajon.
Lunvilla.	Leuville.	C	Id.
Mallus Campus.	Mauchamp.	E	Etampes.
Maneciacum.	Mennecy.	C	Corbeil.
Matriolæ in Josayo.	Marolles [10].	C	Arpajon.
Moncelli.	Monceaux [11].	C	Corbeil.
Mons.	Mons (comm. d'Athis) [12].	C	Longjumeau.
Murcinctus.	Morsan.	C	Id.

[1] Mal. ═ [2] Mal. ═ [3] Abb. de Saint-Spire, sécular. Hom — Pri. Notre-Dame Pri. Saint Guenauld. — Mal. — Pri. Sainte-Radegonde. — Ordre du Temple, Commanderie de Saint-Jean-en-Lisle ; Hôtel des Clos, Maison a *Campania justa Corbolium*, et une autre aux Bordes. ═ [4] Mal. ═ [5] Pri. — Mal. ═ [6] Mal. ═ [7] Maison du Temple à Montauger. (*Mons Augeri*). ═ [8] Abb., puis Pri. Saint-Merry. Hom. — Mal. ═ 9 Pr. H (O. B) — Mal. ═ [10] Pri. — Mal. ═ [11] Pri. Sainte-Radegonde. ═ [12] Pri.

PAROISSES — NOMS LATINS.	NOMS FRANÇAIS.	Arrondissements.	CANTONS.
Noiomellum, p. Longus gemellus.	Longjumeau [1].	C	Longjumeau.
Norvilla.	Norville (la).	C	Arpajon.
Paretum.	Paray.	C	Longjumeau.
Plesseyum Argogiæ.	Plessis-Pâté ou d'Argouges.	C	Id.
Reiæ.	Ris [2].	C	Corbeil.
Sabiniacum.	Savigny.	C	Longjumeau.
S. Yvonius.	Saint-Yon [3].	R	Dourdan (Nord).
Scarconium.	Echarcon.	C	Corbeil.
Scorciacum, p. S.-Veranus.	Saint-Vrain [4].	C	Arpajon.
Sienii villare, p. S. Genovefa in Nemore.	Ste-Geneviève-des-Bois.	C	Longjumeau.
Spinogilum ad Urbiam.	Epinay-sur-Orge.	C	Id.
Tolfolium.	Tourfou.	E	La Ferté-Alais.
Ulmetum in Josayo.	Ormoy-en-Josas.	C	Corbeil.
Ver Majus.	Vert-le-Grand.	C	Arpajon.
Ver Minus.	Vert-le-Petit.	C	Id.
Viccorium.	Wissous.	C	Longjumeau.
Villa Abbatis.	Villabé.	C	Corbeil.
Villa Moissua.	Villemoisson.	C	Longjumeau.
Villa nova Regis.	Villeneuve-le-Roy.	C	Id.
Villa Romanaria, p. S. Michael ad Urbiam.	St-Michel-sur-Orge.	C	Arpajon.
Viriacum.	Viry.	C	Longjumeau.

III. — ARCHIDIACONÉ DE BRIE.

I. — Doyenné du Vieux-Corbeil.

NOMS LATINS.	NOMS FRANÇAIS.	Arrondissements.	CANTONS.
Corbolium vetus.	Corbeil [5].	C	Corbeil.
Atheiolæ.	Etiolles.	C	Id.
Bossiacum.	Boissy-St-Léger [6].	C	Boissy-St-Léger.
Braunate in Brigeio.	Brunoy.	C	Id.
Butiacum Villa.	Boissy-St-Antoine.	C	Id.

[1] Pri Saint-Eloy. — Mal. — Command de Balisy. = [2] Command de Fromont, *Fortis mons.* = [3] Pri. = [4] Pri. = [5] Mal. = [6] Pri de Grosbois — Mal. Id.

PAROISSES		Arrondissements.	CANTONS.
NOMS LATINS.	NOMS FRANÇAIS.		
Centeniacum.	Senteny [1].	C	Boissy St Léger.
Colridum.	Le Coudray.	C	Corbeil.
Corboilus vicus, p. S. Germanus veteris Corbolii.	St-Germain-du-Vieux-Corbeil.	C	Id.
Crona.	Crosnes.	C	Boissy-St-Léger.
Dravernum.	Draveil.	C	Id.
Hedera.	Yerres [2]	C	Id.
Limolium.	Limeil.	C	Id.
Mandræ.	Mandres.	C	Id.
Matriolæ in Bria.	Marolles [3].	C	Id.
Mons Gisonis	Montgeron [4]	C	Id.
Murcinctum.	Morsang-sur-Seine.	C	Corbeil.
Nucellum.	Noiseau.	C	Boissy-St-Léger.
Paradum.	St-Pierre-du-Perray.	C	Corbeil.
Parriniacum.	Périgny.	C	Boissy-St-Léger.
Quintiacum.	Quincy.	C	Id.
Sintreium.	Saintry.	C	Corbeil
Sosiacum ad Estivellum.	Soisy-sous-Etiolles.	C	Id.
Spinolium.	Epinay-sous-Senart.	C	Boissy-St-Léger.
Sulsiacum in Bria.	Sucy-en-Brie.	C	Id.
Tigeriacum.	Tigery [5].	C	Corbeil.
Ulmetum in Bria.	Ormoy-en-Brie.	C	Id.
Valentonium.	Valenton.	C	Boissy-St-Léger.
Varennæ in Bria.	Varennes [6].	C	Id.
Vicus novus.	Vigneux.	C	Id.
Villa Cranea.	Villecresnes.	C	Id.
Villa nova S. Georgii.	Villeneuve-St-Georges [7].	C	Id.

II. — Doyenné de Lagny.

Canaveriæ in Bria.	Chennevières.	C	Boissy-St-Léger.
Cauda in Bria.	La Queue-en-Brie. [8]	C	Id.
Gornaium.	Gournay-sur-Marne [9].	P	Gonesse.
Ormesso.	Ormesson.	C	Boissy-St-Léger.
Nusiacum Majus.	Noisy-le-Grand [10].	P	Gonesse.
Villare ad Matron.	Villiers-sur-Marne.	C	Boissy-St-Léger.

[1] Maison du Temple. = [2] Abb F. (O. B.) près Grosbois. = [3] Pri — Mal = [4] Mal. = [5] Maison du Temple = [6] Abb. de Jercy, *Gerciacum*, H. (O. B.) = [7] Mal. = [8] Chambraux, Mal = [9] Mal. = [10] Mal

II. — DIOCÈSE DE SENS.

(*Ecclesia Senonensis*).

PAROISSES — NOMS LATINS.	PAROISSES — NOMS FRANÇAIS.	Arrondissements.	CANTONS.
	I. — ARCHIDIACONÉ ET DOYENNÉ D'ÉTAMPES.		
Stampæ.	Etampes [1].	E	Etampes.
Abbavilla.	Abbeville [2].	E	Méréville.
Alversium.	Auvers-St-Georges.	E	La Ferté.
Arancuria.	Avrancourt.	E	Méréville.
Blandiacum.	Blandy.	E	Id.
Bognevilla.	Boigneville.	E	Milly.
»	Bois-Herpin.	E	Méréville.
Borretum.	Bouray [3].	E	La Ferté.
Bouvilla.	Bouville.	E	Etampes.
»	Brouy.	E	Milly.
Bussiacum.	Boissy-la Rivière.	E	Meréville.
Bussiacum.	Boissy-le-Cutté	E	La Ferté.
Calidus Furnus.	Chaulfour [4].	E	Etampes
Campus Motosus.	Champmotteux.	E	Milly.
Curia Dominica.	Courdimanche.	E	Id.
Duysonnum.	D Huisson.	E	La Ferté.
Estorciacum.	Etréchy [5].	E	Etampes.
Estouchiæ.	Estouches.	E	Méréville.
Fontanæ.	Fontaine-la-Rivière.	E	Id.
Foresta Stæ-Crucis.	Forêt-Ste-Croix (la).	E	Id
Gisoni Villa.	Gironville.	E	Milly.
Itevilla.	Itteville [6].	E	La Ferté.
Matriolæ.	Marolles.	E	Méréville.
Meresvilla.	Méréville [7].	E	Id.
Messa.	Maisse [8]	E	Milly.
Mesoputheum.	Mespuits.	E	Milly
Morigniacum.	Morigny-Champigny [9].	E	Etampes.
Orrevallis.	Orveau	E	La Ferté.
Prunetum.	Prunay.	E	Milly.

[1] Abb. *Sanctæ-Mariæ*, detr. avant la Revolution — Mal — Pri — Couvent des Mathurins — Commanderie du Temple. — A 1/2 lieue d'Etampes, Maison du Temple, Le Chesnay, *Quercetum.* = [2] Maison du Temple à Fontenette, *Fontanetum.* = [3] Mal = [4] Maison du Temple = [5] Pri.— Mal. = [6] Commanderie du Saussaye, *Sancetum.* = [7] Pri = [8] Pri. — Mal = [9] Abb. Hom. (O. B.), *ad. Junnam fluv.* — Mal. à Champigny.

PAROISSES		Arrondissements.	CANTONS.
NOMS LATINS.	NOMS FRANÇAIS.		
Puteolum.	Puiselet-le-Marais.	E	Milly.
Roinvillare.	Roinvilliers.	E	Méréville.
Sahoclitæ.	Saclas [1].	E	Id.
S. Ciricus.	St-Cyr-la-Rivière.	E	Id.
Serniacum.	Cerny.	E	La Ferté.
Ulmetum.	Ormoy-la-Rivière.	E	Etampes.
Vallis Putiolorum.	Valpuiseaux.	E	Milly.
Veriæ.	Vayres.	E	La Ferté
Villa Nova.	Villeneuve-sur-Auvers.	E	Id.

II. — ARCHIDIACONÉ DE MELUN.

Doyenné de Melun.

Auverniacum.	Auverneaux [2].	C	Corbeil.
Belenicurtis.	Ballancourt.	C	Id.
Boona.	Baulne [3].	E	La Ferté.
Botigniacum.	Boutigny.	E	Id.
Chancoliæ.	Champcueil.	C	Corbeil.
Chevannæ.	Chevannes.	C	Id.
Cousanciæ.	Courances [4].	E	Milly.
Danemeis.	Dannemois.	E	Id.
Firmitas Aalipdis.	Ferté-Alais (la) [5].	E	La Ferté
Guinevilla.	Guigneville.	E	Id.
Moniacum.	Moigny.	E	Milly.
Mundevilla.	Mondeville.	E	La Ferté.
Nainvilla.	Nainville.	C	Corbeil.
Soisiacum juxta Scolam.	Soisy-sur-Ecole [6].	C	Id.
Videllæ.	Videlles.	C	La Ferté.

III. — ARCHIDIACONÉ DU GATINAIS.

Doyenné de Milly.

Mauriliacum.	Milly [7].	E	Milly.
Bunetum Castrum.	Buno-Bonnevaux.	E	Id.
Onchiæ.	Oncy.	E	Id.

[1] Mal. = [2] Pri. — Commanderie du Temple = [3] Pri. = [4] Pri = [5] Abb. de Villiers-aux-Nonains, *Villarium*. Fem (O. C) — Mal. — Pri. = [6] Pri. = [7] Pri. — Mal.

III. — DIOCÈSE DE CHARTRES.

(Ecclesia Carnotensis).

PAROISSES — NOMS LATINS.	PAROISSES — NOMS FRANÇAIS.	Arrondissements	CANTONS.
I. — ARCHIDIACONÉ DU PINCERAIS.			
I. — Doyenné de Poissy.			
Pissiacum.	Poissy [1].	V	Poissy.
Acheriæ.	Achères.	V	St-Germain.
Actricus Mons.	Aigremont.	V	Id.
Allodia Regis	Alluets-le-Roy (les).	V	Poissy.
Altogilum.	Autheuil.	R	Montfort.
Andelu.	Andelu.	M	Mantes.
Aubergenvilla.	Aubergenville.	V	Meulan.
Autoletum.	Autouillet.	R	Montfort.
Balliacum.	Bailly.	V	Marly.
Basi mons.	Bazemont.	V	Meulan.
Basochiæ.	Bazoches [2].	R	Montfort.
Behodium.	Béhoust.	R	Id.
Boafra.	Bouafle [3].	V	Meulan.
Buvreriæ.	Bréviaires (les).	R	Rambouillet.
Buxitum.	Boissy-sans-Avoir.	R	Montfort.
Camborciacum.	Chambourcy [4].	V	St-Germain.
Chainnolium.	Chavenay.	V	Marly.
Cotonariæ.	Coignières.	R	Chevreuse.
Crisperiæ.	Crespières.	V	Poissy.
Cuculosa.	Galluis-la-Queue.	R	Montfort.
Davero.	Davron [5].	V	Poissy.
Diodurum?	Jouars-Pontchartrain.	R	Chevreuse.
Elencuria.	Elancourt [6].	R	Id.
Elevilla, p S. Martinus.	St-Martin-des-Champs ou Elleville.	M	Houdan.
Esclois.	Les Clayes.	V	Marly-le-Roi.
Essars Regis.	Essarts-le-Roi (les).	R	Rambouillet.
Filcusæ.	Fourqueux.	V	St-Germain.
Fiolinæ.	Flins, près Meulan.	V	Meulan.
Flarsanc Villa.	Flexanville.	R	Montfort.

[1] Abbaye, puis Prieuré royal de Saint-Louis, fem. — Couv. de Capucins. — Couv. de Dominicains — Couv. d'Ursulines. — Mal. = [2] Pri = [3] Pri. = [4] Abb. de Joyenval, *Gaudium Vallis*. H. (O P.) = [5] Pri = [6] Command. du Temple La Ville-Dieu.

PAROISSES		Arrondissements	CANTONS.
NOMS LATINS.	NOMS FRANÇAIS.		
Fontanetum.	Fontenay-le-Fleury.	V	Versailles (ouest)
Foucherollæ.	Feucherolles [1].	V	Marly.
Frauxinum.	Ecquevilly, av Fresnes.	V	Meulan.
Garencerie.	Garancières [2].	R	Montfort.
Gopillarie.	Goupillières.	R	Id.
Grossum Robur.	Grosrouvre.	R	Id.
Hargevilla.	Hargeville.	M	Houdan.
Herbevilla.	Herbeville [3].	V	Meulan.
Jomevilla.	Jumeauville [4].	M	Mantes.
Laulo. Sta-Gemma.	Lanluets [5].	V	Marly.
Magedun.	Médan [6].	V	Poissy.
Malus Mons.	Millemont.	R	Montfort.
Malus Repastus.	Maurepas.	R	Chevreuse.
Manlia.	Maule.	V	Meulan.
Mansiones.	Maisons-sur-Seine [7].	V	St-Germain.
Mansio Regis.	Mesnil-le-Roy [8].	V	Id.
Marchvm.	Marcq.	R	Montfort.
MarolumGuidonis.	Mareuil-le-Guyon.	R	Id.
MarolumJohannis.	Mareuil-sur-Mauldre.	V	Meulan.
Mellentum.	Meulan [9].	V	Id.
Meriacum.	Méré.	R	Montfort.
Montanvilla.	Montainville.	V	Meulan.
Montiniacum.	Montigny-le-Bretonneux [10].	V	Versailles (ouest).
Mons fortis Amalrici.	Montfort-l'Amaury [11].	R	Montfort.
Morevillaris.	Morainvilliers.	V	Poissy
Murelli.	Les Mureaux.	V	Id.
Nielfa Castrum.	Neauphle-le-Château [12].	R	Montfort
Nielfa Vetus.	Neauphle-le-Vieux [13].	R	Id.
Nirbanum.	Beynes.	R	Id.
Nusiacum.	Noisy au val de Gallie [14]	V	Marly.
Orgivallis.	Orgeval [15].	V	Poissy.
Paretum, Vetus-Ecclesia	Le Perray-Vieille-Eglise.	R	Rambouillet.
Plesicium.	Plaisir [16].	V	Marly-le-Roi.
Roia.	Retz [17].	V	Poissy.

[1] Pri Sainte-Gemme. = [2] Mal. = [3] Pri = [4] Pri. du Coudray. = [5] Commune de Feucherolles = [6] Pri. = [7] Pri = [8] Pri. de Carrières-s.-Bois. = [9] Pour le prieuré Saint-Nicaise seulement = [10] Pri = [11] Couvent de Capucins — Pri. — Couvent de femmes. = [12] Pri. = [13] Abb. Hom. (O B) = [14] Couv de Cordeliers. = [15] Abb. d'Abbecourt, H. (O. P.) — Pri Saint-Gilles. = [16] Pri. = [17] Paroisse détruite avant la Révolution, près de Joyenval

PAROISSES — NOMS LATINS.	PAROISSES — NOMS FRANÇAIS.	Arrondissements.	CANTONS.
Samarches.	Saumarchais.	R	Montfort.
S. Albinus.	Saint-Albin.	R	Id.
S. Cyriacus.	Saint-Cyr [1].	V	Versailles (ouest)
S. Germanus de Morevilla.	St-Germ.-de-la-Grange, ou Moramville.	R	Montfort.
S. Leodegarius in Æqualina	St-Léger-en-Yveline.	R	Rambouillet.
S. Leodegarius in Laya	St-Léger-en-Laye [2].	V	St-Germain-en-L
S. Remigius.	St-Rémy-l'Honoré [3].	R	Chevreuse.
Susiacum et Trianum.	Souzy-aux-bœufs et Trianon [4].	V	Versailles.
Te[illegible]	Thoiry.	R	Montfort.
Trappæ.	Trappes.	V	Versailles (ouest)
Trembletum.	Le Tremblay.	R	Montfort.
Tyvarvallis.	Thiverval.	V	Poissy.
Ulfarciagæ.	Auffargis.	R	Rambouillet.
Vernogilum.	Verneuil-sur-Seine [5].	V	Poissy.
Vernoletum.	Vernouillet.	V	Id.
Vicus.	Vicq.	R	Montfort.
Villanæ.	Villennes.	V	Poissy.
Villare Mathei, vel Majoris.	Villiers-le-Mahieu.	R	Montfort.

II. — Doyenné de Mantes.

NOMS LATINS.	NOMS FRANÇAIS.	Arrondissements.	CANTONS.
Medonta.	Mantes [6].	M	Mantes.
Ademvilla.	Adainville.	M	Houdan.
Alnetum.	Aulnay.	V	Meulan.
Arnoni villa.	Arnouville.	M	Mantes.
Aufervilla.	Auffreville	M	Id.
Baisanvilla.	Bazainville [7].	M	Houdan.
Bisconcellæ.	Orgerus ou Béconcelles.	R	Montfort.
Boinvilla.	Boinvilliers.	M	Mantes.
Boiseria Heraudi.	Boissière (la).	R	Rambouillet.
Bonneriæ.	Bonnières.	M	Bonnières.
Boscus Roberti.	Bois-Robert.	M	Mantes.
Bovani villa.	Boinville	M	Id.

[1] Abb fem (O. A.) ≡ [2] Comm de Saint-Germain en-Laye — Pri. d'Hannemont. ≡ [3] Couvent fem des Hautes-Bruyeres. ≡ [4] Comm. de Versailles. — Pri. de Souzy. ≡ [5] Mal. ≡ [6] Abb., puis Pri. hom. Saint-Julien. — Couvent fem. (O. B). — Couv. Cordeliers. — Couvent d'Ursulines. — Mal. ≡ [7] Pri.

PAROISSES		Arrondissements	CANTONS
NOMS LATINS.	NOMS FRANÇAIS.		
Bercherivallis.	Bréval [1].	M	Bonnières.
Brogilum.	Breuil (le).	M	Mantes.
Burdoniacum.	Bourdonné.	M	Houdan.
Buscalide.	Buchelay.	M	Mantes.
Buxeus.	Boissy-Mauvoisin.	M	Bonnières.
Calidus furnus.	Chauffour [2].	M	Id.
Charmeia, p. Alta villa.	Hauteville (la).	M	Houdan.
Collis Goderani.	Tertre-Gaudran (le).	M	Id.
Collis S Dyonisii.	Tartre-St-Denis (le).	M	Bonnières.
Condatum.	Condé.	M	Houdan.
Dominica Maria.	Dannemarie	M	Id.
Domnus Martinus.	Dammartin	M	Id.
Falaisa.	Falaise (la).	M	Mantes.
Faveriæ.	Favrieux.	M	Bonnières.
Felias Nova-Ecclesia.	Flins-Neuve-Eglise.	M	Houdan.
Flaicuria.	Flacourt [3].	M	Mantes.
Fontanetum Malzoisin.	Fontenay-Mauvoisin.	M	Bonnières.
Fraxinosa.	Freneuse [4].	M	Id.
Gaci curia.	Gassicourt [5].	M	Mantes.
Gamapium.	Gambais.	M	Houdan.
Gambesiolum.	Gambaiseuil.	R	Rambouillet.
Gibbosi villa.	Guerville [6].	M	Mantes.
Gieffossa.	Jeufosse.	M	Bonnières.
Gousonvilla.	Goussonville [7].	M	Mantes.
Grandis campus.	Grandchamp [8].	M	Houdan.
Gresseyum.	Gressey.	M	Id.
Hosdencum.	Houdan [9].	M	Id.
Joiacum.	Jouy-Mauvoisin	M	Bonnières.
Loaignes.	Longnes.	M	Houdan.
Lomaia.	Lommoye.	M	Bonnières.
Maceriæ.	Mézières.	M	Mantes.
Magnavilla.	Magnanville.	M	Id.
Manlia.	Maulette.	M	Houdan.
Medonta villa.	Mantes-la-Ville.	M	Mantes.
Melesencum.	Mulcent.	M	Houdan.
Merici curtis.	Méricourt.	M	Bonnières.
Messis.	Moisson.	M	Id.
Minardi villa.	Ménerville.	M	Id.

[1] Pri. du Hamel = [2] Pri. — Maison du Temple. = [3] Pri = [4] Pri. de Valguyon. = [5] Pri = [6] Pri. de Saint-Germain. = [7] Pri. = [8] Abb. Homm. (O. P.) = [9] Couvent de femmes. — Pri. — Mal.

PAROISSES		Arrondissements.	CANTONS.
NOMS LATINS.	NOMS FRANÇAIS.		
Miteinvilla.	Mittainvills.	R	Rambouillet.
Moncelli.	Mousseaux.	M	Bonnières.
Moudrevilla.	Moudreville.	M	Houdan.
Mons calvus.	Montchauvet [1].	M	Id.
Nealphetuia.	Neauphlette [2]	M	Bonnières.
Nigellum.	Nézel.	V	Meulan.
Prodricia villa.	Perdreauville.	M	Bonnières.
Prunetum Templi.	Prunay-le-Temple [3].	M	Houdan.
Ricmari villa.	Richebourg.	M	Id.
Rodoniacum.	Rosny [4].	M	Mantes.
Rosbacium.	Rolleboise.	M	Bonnières.
Rosetum.	Rosey.	M	Mantes.
S. Hylarius.	Boissets.	M	Houdan.
S. Hylarius in villa.	St-Illiers-la-Ville.	M	Bonnieres.
Septolium.	Septeuil [5].	M	Id.
Sivreum.	Civry-la-Forêt.	M	Id.
Soandræ.	Soindres.	M	Mantes.
Spedona.	Epône.	M	Id.
Taconeriæ.	Tacoignières.	R	Montfort.
Tellium.	Tilly.	M	Houdan.
Tyoinvilla.	Thionville-sur-Opton.	M	Id.
Ulmetum.	Osmoy.	M	Id.
Ursi villare.	Orvilliers.	M	Houdan.
Ver.	Vert.	M	Mantes.
Villa nova Chevriæ.	Villeneuve-en-Chevrie.	M	Bonnières.
Villetta.	Villette.	M	Mantes.
Vinceni curtis?	Courgent.	M	Houdan.

II. — ARCHIDIACONÉ DE CHARTRES.

I. — Doyenné de Rochefort.

Ruppes fortis.	Rochefort [6].	R	Dourdan (nord).
Abuyez.	Ablis [7].	R	Dourdan (sud).
Angeri villare.	Angervilliers.	R	Dourdan (nord).
Angervilla gasta.	Angerville.	E	Méréville.
Auto.	Authon-la-Plaine.	R	Dourdan (sud).
Bertoldi villare.	Boutervilliers.	E	Etampes.

[1] Pri. = [2] Pri. Saint-Blaise. = [3] Commanderie du Temple. = [4] Pri. = [5] Abb. Saint-Corentin. Fem. (O. B.) — Pri. = [6] Mal. = [7] Pri. — Mal.

PAROISSES		Arrondissements	CANTONS.
NOMS LATINS.	NOMS FRANÇAIS.		
Boinvilla.	Boinville-le-Gaillard.	R	Dourdan (sud).
Bonella.	Bonnelles [1]	R	Dourdan (nord).
Braioletum.	Breuillet.	R	Id.
Brolium.	Breux.	R	Id.
Brueriæ.	Brières-les-Scellés.	E	Étampes.
Bualone.	Bullion.	R	Dourdan (nord)
Bussiacum siccum.	Boissy-le-Sec	E	Étampes.
Centenovilla.	Chatignonville.	R	Dourdan (sud).
Chalotum Reginæ.	Châloux-Moulineux [2].	E	Méréville.
Chalotum S. Medardi.	Châlo-St-Marc [3].	E	Étampes.
Clarus fons.	Clairefontaine [4].	R	Dourdan (sud).
Congervilla.	Congerville.	E	Méréville.
Corborosa.	Corbreuse.	R	Dourdan (sud).
Crechiæ.	Craches.	R	Id.
Dortenco.	Dourdan [5].	R	Dourdan (s. et n.)
Foresta regis.	Forêt-le-Roy.	R	Dourdan (sud).
Grangiæ Regis.	Granges-le-Roy (les) [6].	R	Id.
Guillervallis.	Guillerval.	E	Méréville.
Longum villare.	Longvilliers.	R	Dourdan (nord).
Mansus Roberti.	Mérobert.	R	Dourdan (sud).
Molendina nova.	Moulineuf [7].	E	Méréville.
Monarvilla.	Monnerville.	E	Id.
Paretum.	Paray-Douaville.	R	Dourdan (sud).
Pons Ebrardi.	Ponthévrard.	R	Id.
Prunctum.	Prunay-sous-Ablis [8].	R	Id.
Puceium.	Pussay.	E	Méréville.
Richeri villa.	Richarville.	R	Dourdan (sud).
Roinvilletta.	Roinville [9].	R	Dourdan (nord).
Sta Maxima.	Ste-Mesme [10].	R	Dourdan (sud).
S. Arnulfus in Æquilina.	St-Arnoult [11].	R	Id.
S. Caraunus.	St-Chéron [12].	R	Dourdan (nord).
S. Cyriacus.	St-Cyr-sous-Dourdan [13].	R	Id.
S. Hylarius.	St-Hilaire.	E	Etampes.
S. Martinus prope Corborosam.	St-Martin-de-Bréthencourt [14].	R	Dourdan (sud).
S. Mauricius.	St-Maurice.	R	Dourdan (nord).
S. Scubiculus.	Ste-Escobille.	R	Dourdan (sud).

[1] Pri. = [2] Command. du Temple. = [3] Pri. Saint-Hilaire. = [4] Abb. homm. (O P) — Abb. fem. à Saint-Rémy des Landes, (O. B.) = [5] Pri — Mal. = [6] Couvent de l'Ouye. — Pri. = [7] Commune de Chatou = [8] Pri. de Villiers. = [9] Pri. = [10] Pri. Saint-Vincent-des-Bois. = [11] Pri. = [12] Pri. de filles de St-Evroult. = [13] Pri. femm. (O. B) — Maison du Temple, a la Roche-Liphard, *Rupes Liphardi.* = [14] Pri. de Brettencourt.

PAROISSES — NOMS LATINS.	PAROISSES — NOMS FRANÇAIS.	Arrondissements	CANTONS.
Sarmesia	Sermaise.	R	Dourdan (nord).
Souziacum.	Souzy-la-Briche.	E	Etampes.
Suus campus.	Sonchamps.	R	Dourdan (sud).
Taignunvilla.	Thionville.	E	Méréville.
Ursione villare.	Orsonville.	R	Dourdan (sud).
Vallis S. Germani.	Val-Saint-Germain [1].	R	Dourdan (nord).
Villa Alleni.	Allainville [2].	R	Dourdan (sud).
Villa Conai.	Villeconin.	E	Etampes.

II. — Doyenné d'Epernon.

NOMS LATINS.	NOMS FRANÇAIS.	Arrondissements	CANTONS.
Amanciacum.	Emancé.	R	Rambouillet.
Gaserannum.	Gazeran.	R	Id.
Hermolitum.	Hermeray.	R	Id.
Poignees.	Poigny.	R	Id.
Retiolæ.	Raizeux.	R	Id.
Rumbelitum.	Rambouillet.	R	Id.
S. Hylario	St-Hilarion.	R	Id.
Urfinum.	Orphin.	R	Dourdan (sud).
Ursi mons.	Orcemont.	R	Rambouillet.

IV. — DIOCÈSE D'ÉVREUX.

(*Ecclesia Ebroicensis*).

ARCHIDIACONÉ D'ÉVREUX.

I. — Doyenné de Vernon.

NOMS LATINS.	NOMS FRANÇAIS.	Arrondissements	CANTONS.
Blasrutum.	Blaru.	M	Bonnières.
Portus Villaris.	Portvilliers.	M	Id.

II. — Doyenné d'Ivry.

NOMS LATINS.	NOMS FRANÇAIS.	Arrondissements	CANTONS.
»	Cravent.	M	Bonnières.
»	St-Illiers-le-Bois.	M	Id.

[1] Pri. de Bouville. — [2] Pri. de Grosliеu.

V. — DIOCÈSE DE ROUEN.

(*Ecclesia Rotomagensis*).

PAROISSES		Arrondissements.	CANTONS.
NOMS LATINS.	NOMS FRANÇAIS.		
I. — ARCHIDIACONÉ DU VÉXIN FRANÇAIS.			
I. — Doyenné de Magny.			
Magniacum, (Petromantalum?)	Magny [1].	M	Magny.
Aincurtis.	Aincourt.	M	Id.
Alta insula.	Haute-Isle.	M	Id.
Amblevilla.	Ambleville [2].	M	Id.
Artegiæ.	Arthies [3].	M	Id.
Artheiolum, (Petromantalum?)	Arthieul.	M	Id.
Aumenecort.	Amenucourt.	M	Id.
Bannecuria.	Bennecourt.	M	Bonnières.
Bantellutum.	Banthelu.	M	Magny.
Belleyum.	Bellay (le).	P	Marines.
»	Blamecourt.	M	Magny.
Braium et Lutum.	Bray-et-Lû [4].	M	Id.
Brogilum.	Breuil.	M	Limay.
Bui.	Buhy.	M	Magny.
Calceia.	Chaussy [5].	M	Id.
Capella.	Chapelle (la).	M	Id.
Carus Mons.	Charmont.	M	Id.
Charentum.	Chérance.	M	Id.
Clari.	Cléry.	P	Marines.
Comitis castrum.	Gommecourt.	M	Bonnières.
Commeniacum.	Commeny.	P	Marines.
Droconis curtis.	Drocourt.	M	Limay.
Folinvilla.	Follainville.	M	Id.
Fontanetum.	Fontenay-St-Père.	M	Id.
Gargenvilla.	Gargenville.	M	Id.
Genesvilla.	Genainville.	M	Magny
Gisiacum.	Jusiers.	M	Limay.
Guerrevilla.	Guernes.	M	Id.
Guindrancort.	Guitrancourt.	M	Limay.

[1] Pri. — Couvent de Cordeliers. — Mal. = [2] Vaumion, *Vallemeton*, Command. de Malte = [3] Mal. = [4] Mal. à Bray = [5] Pri de Villarceaux, filles. (O C)

PAROISSES		Arrondissements.	CANTONS.
NOMS LATINS.	NOMS FRANÇAIS.		
Guiriacum.	Guiry.	P	Marines.
Hadricuria.	Hardricourt.	V	Meulan.
Hodenc.	Hodent.	M	Magny.
Iambevilla.	Jambville [1].	M	Limay.
Lemausum ?	Limay [2].	M	Id.
Limoæ.	Limetz.	M	Bonnières.
Linvilla.	Lainville.	M	Limay.
Maudestor.	Maudétour.	M	Magny.
Mesi.	Mézy.	V	Meulan.
Mons Aletis.	Montalet-le-Bois.	M	Limay.
Monsterolium.	Montreuil.	M	Magny.
Musseyum.	Moussy.	P	Marines.
Nudacuria.	Nucourt.	P	Id.
Œnis villa.	Oinville.	M	Limay.
Omervilla.	Omerville [3].	M	Magny.
Porchevevilla.	Porcheville.	M	Limay.
Rupes Guidonis.	Roche-Guyon (la) [4].	M	Magny.
Salliacum.	Sailly [5].	M	Limay.
S. Ciricus in Arthesia.	St Cyr-en-Arthies.	M	Magny.
S. Clarus sup. Eptam.	St-Clair-sur-Epte [6].	M	Id.
S. Gervasius, (Petromantalum ?)	St-Gervais.	M	Id.
S. Martinus.	St-Martin-la-Garenne [7].	M	Limay.
Vetolium.	Vétheuil [8].	M	Magny.
Vi.	Wy, Joli-village [9].	M	Id.
Vienna.	Vienne.	M	Id.
Villare in Arthesia.	Villiers-en-Arthie.	M	Id.
Villa Sociacum.	Issou.	M	Limay.

II. — Doyenné de Meulan.

NOMS LATINS.	NOMS FRANÇAIS.	Arrondissements.	CANTONS.
Mellentum.	Meulan.	V	Meulan.
Ablinguæ.	Ableiges.	P	Marines.
Alvernæ.	Avernes.	P	Id.
Alversium.	Auvers-s.-Oise [10].	P	Pontoise.
Bosci mons.	Boisemont.	P	Id.
Brienchon.	Bréançon.	P	Marines.
Brignencuria.	Brignancourt.	P	Id.
Bussiacum Lalheri.	Boissy-l'Aillerie.	P	Pontoise.

[1] Pri. = [2] Couvent des Célestins. = [3] Louvières, *Lupperiæ*, Command. de Malte. = [4] Pri. Saint-Nicaise, en face Gasny. = [5] Pri. de Montcient. = [6] Pri. = [7] Pri. (O. B.) = [8] Mal. = [9] Vuic, *Vicus*. = [10] Pri. Saint-Martin,

PAROISSES		Arrondissements.	CANTONS.
NOMS LATINS.	NOMS FRANÇAIS.		
Carreriæ.	Carrières-sous-Poissy.	V	Poissy.
Charz.	Chars [1].	P	Marines.
Curcellæ.	Courcelles.	P	Id.
Curia dominica.	Courdimanche.	P	Pontoise.
Curmiliaca.	Cormeilles-en-Véxin [2].	P	Marines.
Episcopi mons.	Evecquemont [3].	P	Meulan.
Fremecuria.	Fremecourt.	V	Marines.
Fremevilla.	Frémainville.	P	Id.
Gaillon.	Gaillon.	P	Meulan.
Galea.	Heaulme (le).	V	Marines.
»	Gouzangrez.	P	Id.
Gondencort.	Condécourt.	P	Id.
Grisiacum.	Grisy.	P	Id.
Herovilla.	Hérouville.	P	L'Isle-Adam.
Hus.	Ws.	P	Marines.
Labevilla.	Labbeville.	P	Id.
»	Longuesse.	P	Marines.
Lupi cantus.	Chanteloup.	V	Poissy.
Marinæ.	Marines.	P	Marines.
Menuencort.	Menucourt.	P	Pontoise.
»	Ménouville.	P	Marines.
Mons Giul.	Montgeroult.	P	Id.
Nobiliacum.	Neuilly en-Véxin.	P	Id.
Percheium.	Perchay (le).	P	Id.
Sagiæ.	Sagy.	P	Id.
Santolium.	Santeuil.	P	Id.
Saraincort.	Seraincourt [4].	P	Id.
Sperniæ.	Epiais-Rhus.	P	Id.
Tericort.	Théméricourt.	P	Id.
Tessencort.	Tessancourt.	V	Meulan.
»	Theuville.	P	Marines.
»	Triel [5].	V	Poissy.
Valles.	Vaux.	V	Meulan.
Vallis Engajart.	Vallangoujard	P	L'Isle-Adam.
»	Valmondois [6].	P	Id.
Vigniacum.	Vigny [7].	P	Marines.
Wadincurtis.	Gadancourt.	P	Id.

[1] Mal = [2] Mal = [3] Pri. = [4] Pri. de Gaillonnet. = [5] Pri. Saint-Blaise. = [6] Pri. Saint-Quentin = [7] Pri. de la Chapelle pres le Bordeaux de Vigny.

PAROISSES — NOMS LATINS.	NOMS FRANÇAIS.	Arrondissements.	CANTONS.
	III. — Doyenné de Chaumont.		
Bervilla.	Berville.	P	Marines.
Haraviler.	Haravilliers.	P	Id.
Haronvilla.	Arrouville.	P	Id.
	IV — Doyenne de Pontoise.		
Pons Isaræ.	Pontoise[1].	P	Pontoise.
Averiacum.	Ennery.	P	Id.
Cirgiacum.	Cergy.	P	Id.
Genicuria.	Génicourt [2].	P	Id.
Livillare.	Livilliers.	P	L'Isle-Adam.
Osniacum.	Osny.	P	Pontoise.
Puteoli.	Puiseux.	P	Id.

VI. — DIOCÈSE DE BEAUVAIS.

(*Ecclesia Bellovacensis*).

	ARCHIDIACONÉ DE CLERMONT.		
	Doyenne de Beaumont.		
Bellus mons.	Beaumont-sur-Oise [3].	P	L'Isle-Adam.
Asinariæ.	Asnières [4].	P	Luzarches.
Baierna.	Bernes [5].	P	L'Isle-Adam.
Brocariæ.	Bruyères.	P	Id.
Campaniæ.	Champagne.	P	Id.
Frovilla.	Frouville [6].	P	Id.
Hodcvilla.	Hédouville [7].	P	Id.
Insula Adæ.	Isle-Adam (l') [8].	P	Id.

[1] Abb. séculière de Saint-Mellon — Abb. Saint-Martin. H (O. B.) — Pri. Saint-Pierre — Mal — Abb de la Grâce-Dieu, *Gratia Dei*, près Pontoise. Fem (O B) ═ [2] Mal ═ [3] Pri Saint-Leonard — Pri de Beaumont — Mal ═ [4] Abb de Royaumont, *Regalis Mons.* Hom. (O. C) — Maison du Temple, à Baillon, *de Balius* ═ [5] Maison du Temple. ═ [6] *Mesnelen*, Maison du Temple. ═ [7] Le Laye, Pri. ═ [8] Pri. O. A) — Mal.

PAROISSES		Arrondissements.	CANTONS.
NOMS LATINS.	NOMS FRANÇAIS.		
Joiacum comitis.	Jouy-le-Comte [1].	P	Id.
Maflers.	Mafliers [2].	P	Ecouen.
Murnum.	Mours.	P	Id.
Nervilla.	Nerville.	P	Id.
Nigellæ.	Nesles.	P	Id.
Nocitum villa.	Noisy-sur-Oise.	P	Luzarches.
Nucistella.	Nointel.	P	L'Isle-Adam.
Parcentum.	Persan.	P	Id.
Pratellæ.	Presles.	P	Id.
Runcherola.	Ronquerolles [3].	P	Id.
S. Martinus de Colle.	St-Martin-du-Tertre.	P	Luzarches.
Sosiacum.	Seugy.	P	Id.
»	Viarmes [4].	P	Id.

[1] Maison du Temple. = [2] Pri. = [3] Pri. (O. B.) = [4] Mal.

VII. — DIOCÈSE DE SENLIS.

(*Ecclesia Silvanectensis*).

Doyenné de Mortefontaine.			
Sorde villaris.	Survilliers.	P	Luzarches.

TABLE

A

Abbayes du diocèse de Beauvais 63
— De Chartres........ 43
— De Paris 21
— De Rouen 57
— De Sens........... 36
Abbecourt, abb. d'hom. au diocèse de Chartres...... 44
Archevêques de Paris...... 31
— de Rouen...... 60
— de Sens....... 38
Archidiaconé de Brie au diocèse de Paris.......... 79
— De Chartres........ 87
— De Clermont, au diocèse de Beauvais.. 93
— D'Etampes, au diocèse de Sens......... 81
— D'Evreux.......... 89
— Du Gatinais, au diocèse de Sens..... 82
— De Josas, au diocèse de Paris......... 75
— De Melun, au diocèse de Sens......... 82
— De Paris 72
— Du Pincerais, au diocèse de Chartres .. 83
— Du Véxin français, au diocèse de Rouen.. 90
Argenteuil (Abbaye Notre-Dame d')............... 25
Armoiries de l'évêché de Chartres 47
— De Paris 31
— De Sens 37
— De Versailles....... 16
Asnières (Abbaye de Royaumont à) 63
Aubecourt (voir Abbecourt).. 44

B

Beaumont (Doyenné de).... 93
Beauvais (Diocèse de)...... 62
— Abbayes........... 63
— Divisions ecclésiastiques............ 62-63
— Evêques........... 64
— Maisons du Temple.. 64
— Maladreries, hospices, etc............. 64
— Prieurés........... 64
— Sources à consulter.. 66
— Tableau des archidiaconés et doyennés. 93
Brie (Archidiaconé de)...... 79

C

Cartes du diocèse de Beauvais 66
— De Chartres........ 49
— D'Evreux.......... 53
— De Paris 33
— De Rouen 61
— De Senlis 70
— De Sens........... 40
— De Versailles....... 16
Chartres (Diocèse de)...... 41
— Abbayes........... 43
— Armoiries.......... 47
— Couvents et communautés religieuses.. 45
— Divisions ecclésiastiques............ 41-42
— Evêques........... 47
— Maisons du Temple.. 47
— Maladreries, hospices, etc 46

Chartres (diocèse de).
— Prieurés........... 46
— Sources à consulter.. 49
— Tableau des archidiaconés et doyennés. 83
Chartres (Archidiaconé de).. 87
Châteaufort (Doyenné de)... 75
Chaumont (Doyenné de).... 93
Chelles (Doyenné de)...... 74
Clairefontaine, abb. d'hom. au diocèse de Chartres...... 44
Clermont (Archidiaconé de).. 93
Commanderies et maisons du Temple ou de Malte des diocèses de :
Beauvais............. 64
Chartres............. 47
Paris................ 30
Rouen............... 59
Sens................ 37
Congrégations au diocèse de Paris................. 24
Corbeil (Abbaye séc. de).... 21
Couvents et communautés aux diocèses de ·
Chartres............. 46
Paris............... 24
Rouen............... 58
Sens................ 37
Versailles........... 13

D

Diocèse de Beauvais....... 62
— Chartres......... 41
— Evreux.......... 50
— Paris............ 17
— Rouen........... 54
— Senlis.......... 67
— Sens............ 34
— Versailles........ 9
Doyenné de Beaumont, au diocèse de Beauvais........ 93
— De Chateaufort, au diocese de Paris... 75
— De Chaumont, au diocèse de Rouen.... 93
— De Chelles, au diocèse de Paris......... 74
— D'Epernon, au diocèse de Chartres... 89
Doyenné d'Etampes, au diocèse de Sens............ 81
— D'Ivry, au diocèse d'Evreux........ 89
— De Lagny, au diocèse de Paris......... 80
— De Magny, au diocèse de Rouen.... 90
— De Mantes, au diocèse de Chartres.. 85
— De Melun, au diocèse de Sens......... 82
— De Meulan, au diocèse de Rouen.... 91
— De Milly, au diocèse de Sens......... 82
— De Montlhery, au diocèse de Paris..... 77
— De Montmorency, au diocese de Paris... 72
— De Mortefontaine, au diocèse de Senlis.. 94
— De Poissy, au diocèse de Chartres... 83
— De Pontoise, au diocèse de Rouen.... 93
— De Rochefort, au diocèse de Chartres.. 87
— De Vernon, au diocèse d'Evreux.... 89
— Du Vieux-Corbeil, au diocese de Paris... 79

E

Epernon (Doyenné d')...... 89
Etampes (Archidiaconé et doyenné d')............ 81
Etampes (Doyenné d')...... 81
Evêques de Beauvais....... 64
— Chartres....... 47
— Evreux........ 52
— Paris......... 31
— Senlis......... 68
— Versailles..... 16
Evreux (Archidiaconé d').... 89
Evreux (Diocèse d')....... 50
— Divisions ecclésiast.. 50-51
— Evêques.......... 52
— Sources à consulter... 53

Evreux (Diocèse d').
— Tableaux des archidiacones et doyennés.. 89

G

Gâtinais (Archidiaconé du).. 82
Gercy, abb. fem. au diocese de Paris.............. 25
Gif (Abbaye Notre-Dame de). Fem. au diocèse de Paris. 25
Grâce-Dieu (La), à Pontoise, abb. fem. au dioc. de Rouen. 58
Granchamp, abb. hom. au diocèse de Chartres........ 44

H

Hérivaux, abb. hom. au dioc de Paris............ 22

I

Ivry (Doyenné d')......... 89

J

Jarcy, abb. fem. au dioc. de Paris.................. 25
Josas (Archidiaconé de)..... 75
Joyenval, abb. hom. au dioc. de Chartres............ 44

L

Lagny (Doyenné de)....... 80
La Roche, abb. hom. au dioc. de Paris.............. 23
Liste des archevêques de
— Paris........... 31
— Rouen............ 60
— Sens........... 38
Liste des évêques de
— Beauvais.......... 64
— Chartres.......... 47
— Evreux.......... 52
— Paris............ 31
— Senlis........... 68
— Versailles......... 16

Livry en l'Aunois, abb. hom. au dioc. de Paris........ 21

M

Magny (Doyenné de)...... 90
Maisons religieuses du diocèse de Versailles........... 13
Maladreries, hospices, etc., des diocèses de :
Beauvais............ 64
Chartres............. 46
Paris............... 29
Rouen.............. 59
Sens................ 37
Mantes (Abbaye de), au dioc. de Chartres............. 43
Mantes (Doyenné de)...... 85
Maubuisson, abb. fem. au dioc de Paris............... 27
Melun (Archidiaconé de).... 82
Meulan (Doyenné de)...... 91
Milly (Doyenné de)....... 82
Montlhéry (Doyenné de).... 77
Montmorency (Doyenné de).. 72
Morigny, abb. hom. au dioc. de Sens............... 36
Mortefontaine (Doyenné de).. 94

N

Neauphle l'Avieux, ou le Vieux, abb. hom. au dioc. de Chartres............ 44
Notre-Dame d'Argenteuil, abb. fem. au dioc. de Paris.... 25
Notre-Dame de Gif, abb. fem. au dioc. de Paris........ 25
Notre-Dame de La Roche, abb. hom. au dioc. de Paris... 23
Notre-Dame du Val, abb. hom. au dioc. de Paris........ 23
Notre-Dame d'Yerres, ab. fem. au dioc. de Paris........ 25

P

Paris (Archidiaconé de)..... 72
Paris (Diocèse de)......... 17
— Abbayes........... 21
— Armoiries.......... 31

Paris (diocèse de).
— Couvents et communautés religieuses...... 24
— Divisions ecclésiastiques 18
— Evêques et archevêques. 31
— Maisons du Temple... 30
— Maladreries, hospices, etc............... 29
— Prieurés............ 28
— Sources à consulter.... 33
— Tableau des archidiaconés et doyennés.... 72
Pincerais (Archidiaconé du). 83
Poissy, abb. hom. au dioc. de Chartres............... 43
Poissy (Doyenné de)....... 83
Pontoise (Abb. de la Grâce-Dieu, à)............... 58
Pontoise (Abb. St-Martin, à). 57
Pontoise (Abb. St-Mellon, à). 57
Pontoise (Doyenné de)...... 93
Port-Royal, abb. fem. au dioc. de Paris............... 26
Prieurés des diocèses de.
Beauvais............... 64
Chartres............... 46
Paris.................. 28
Rouen.................. 58
Sens................... 37

R

Rochefort (Doyenné de)..... 87
Rouen (Diocèse de)........ 54
— Abbayes........... 57
— Archevêques........ 60
— Couvents et communautés religieuses.. 58
— Divisions ecclésiastiques............ 54-56
— Maisons du Temple.. 59
— Maladreries, hospices, etc.............. 59
— Prieurés........... 58
— Sources à consulter.. 61
— Tableau des archidiaconés et doyennés. 90
Royaumont, abb. hom. au dioc. de Beauvais....... 63

S

Saint-Corentin, à Septeuil. abb. fem au dioc. de Chartres.................. 45
Saint-Cyr au Val de Galie, abb. fem. au diocèse de Chartres............... 45
Saint-Martin de Pontoise, abb. hom. au diocèse de Rouen. 57
Saint-Mellon de Pontoise, abb. hom. au diocèse de Rouen.. 57
Saint-Rémy des Landes, abb. fem au diocèse de Chartres. 45
Saint-Spire de Corbeil, abb. séculière au dioc. de Paris. 24
Senlis (Diocèse de)........ 67
— Divisions ecclésiastiques........... 67-68
— Evêques........... 68
— Sources à consulter.. 69
— Tableau des archidiaconés et doyennés. 94
Sens (Diocèse de)......... 34
— Abbayes........... 36
— Archevêques......... 38
— Armoiries........... 37
— Couvents et communautés religieuses...... 37
— Divisions ecclésiastiques 34-35
— Maisons du Temple... 37
— Maladreries, hospices, etc.............. 37
— Prieurés............ 37
— Sources à consulter... 40
— Tableau des archidiaconés et doyennés.... 81
Septeuil (Abb. de Saint-Corentin à)............. 45
Sources à consulter pour les diocèses de
Beauvais............ 66
Chartres............. 49
Evreux.............. 53
Paris.............. 33
Rouen............... 61
Senlis............... 69
Sens................ 40
Versailles........... 16

T

Tableau des archidiaconés et des doyennés des diocèses de
Beauvais........... 93
Chartres........... 83
Evreux............. 89
Paris.............. 72
Rouen.............. 90
Senlis............. 94
Sens............... 81
Versailles......... 11
Tableau des divisions ecclésiastiques des diocèses de .
Beauvais........... 63
Chartres........... 42
Evreux............. 51
Paris.............. 18
Rouen.............. 56
Senlis............. 68
Sens............... 35
Versailles......... 12

V

Vaux de Cernay (Les), abb. hom. au dioc. de Paris... 23
Vernon (Doyenné de)...... 89
Versailles (Diocese de)..... 9
— Armoiries.......... 16
— Couvents et communautés religieuses.. 11
— Divisions ecclésiastiques............ 11-12
— Evêques........... 16
— Sources à consulter.. 16
Vexin français (Archidiaconé du).................. 90
Vieux-Corbeil (Doyenné du). 79
Villiers-aux-Nonnains, abb. fem au dioc. de Sens..... 36

Y

Yerres (Abbaye Notre-Dame d').................. 25

VERSAILLES, 59, RUE DU PLESSIS, CERF & FILS, IMPRIMEURS DE LA PRÉFECTURE.

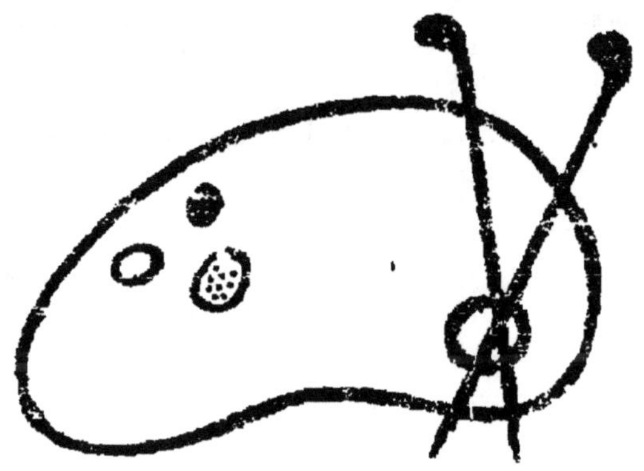

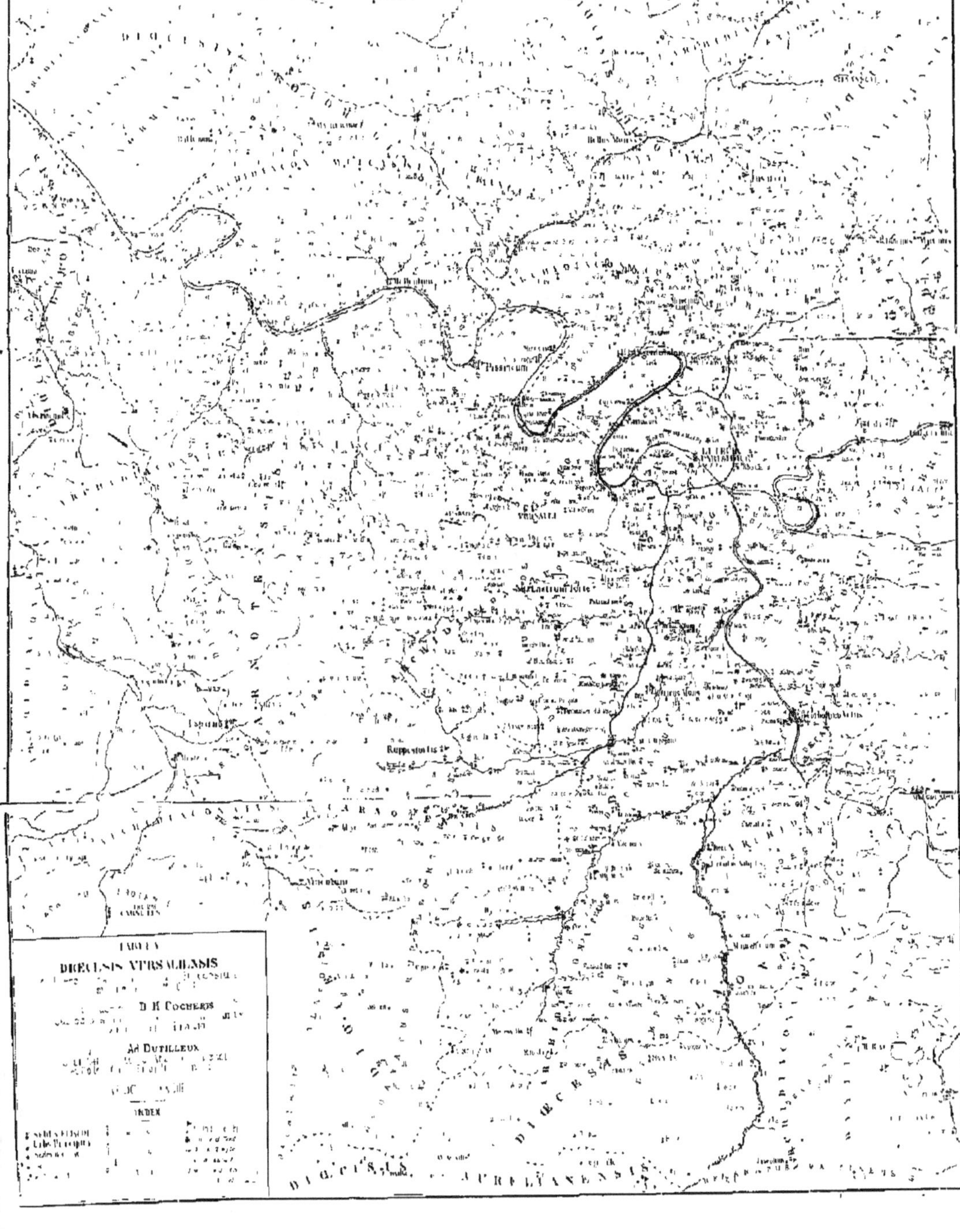
D H COCHERIS
Ad DUTILLEUX
INDEX
Pissiacum

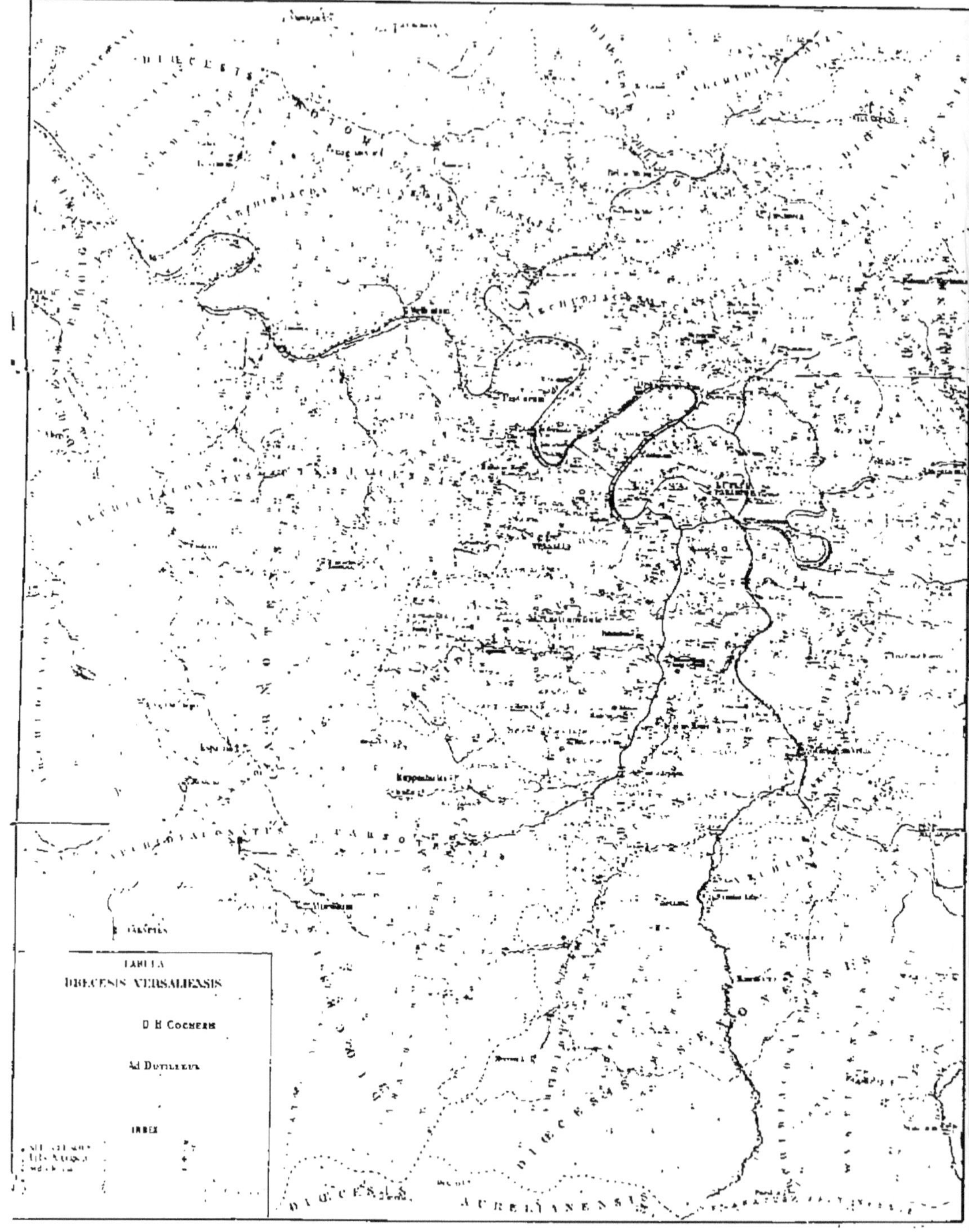
TABULA
DIŒCESIS VERSALIENSIS
D H Cocheris
Ad Dutilleux
INDEX
DIŒCESIS AURELIANENSIS

www.ingramcontent.com/pod-product-compliance
Lightning Source LLC
LaVergne TN
LVHW020412230826
846091LV00004B/1255
9782012721401